本书由包头师范学院"阴山学者培养计划"工程项目、国家社会科学基金项目（15XMZ093）"少数民族地区特色文化产业发展的政府责任研究"资助出版。

LOCAL GOVERNMENT AND REGIONAL ECONOMIC
DEVELOPMENT FROM THE PERSPECTIVE OF
ADMINISTRATIVE ECOLOGY

行政生态视阈下的地方政府与区域经济发展

何金玲◎著

经济管理出版社
ECONOMY & MANAGEMENT PUBLISHING HOUSE

图书在版编目（CIP）数据

行政生态视阈下的地方政府与区域经济发展/何金玲著. —北京：经济管理出版社，2017.10
ISBN 978-7-5096-5431-6

Ⅰ.①行… Ⅱ.①何… Ⅲ.①区域经济发展—研究—中国 Ⅳ.①F127

中国版本图书馆 CIP 数据核字（2017）第 256299 号

组稿编辑：丁慧敏
责任编辑：丁慧敏
责任印制：司东翔
责任校对：董杉珊

出版发行：经济管理出版社
　　　　　（北京市海淀区北蜂窝 8 号中雅大厦 A 座 11 层　100038）
网　　址：www.E-mp.com.cn
电　　话：（010）51915602
印　　刷：北京玺诚印务有限公司
经　　销：新华书店
开　　本：720mm×1000mm/16
印　　张：11.75
字　　数：185 千字
版　　次：2017 年 11 月第 1 版　2017 年 11 月第 1 次印刷
书　　号：ISBN 978-7-5096-5431-6
定　　价：48.00 元

·版权所有　翻印必究·
凡购本社图书，如有印装错误，由本社读者服务部负责调换。
联系地址：北京阜外月坛北小街 2 号
电　　话：（010）68022974　　邮编：100836

前　言

长期以来，社会科学研究中关于政府在经济发展中的地位和作用问题的争议颇深。美国经济学家刘易斯曾指出：政府可以对经济增长具有显著的影响。如果政府做了正确的事情，增长就会得到促进。如果政府做得很少，或者做错了，增长就会受到限制。[①]纵观中国改革开放30多年，经济增长迅速，居民生活质量和财富积累日益提升。虽然2008年受到国际经济危机以及国内汶川特大地震等自然灾害的影响，但经济仍比2007年增长9%，国内生产总值超过30万亿元。"十二五"以来，即使经济增速趋于缓慢，但在全球范围内，仍然保持着较高的发展速度。2016年实现了6.7%的增长率，国内生产总值达74.4万亿元，名列世界前茅，对全球经济增长的贡献率超过30%，取得了举世瞩目的成就。尤其是各地区经济的竞相发展再现了中国整体经济的快速发展。于是，中国的发展成了世界范围内各类经济论坛、高峰对话、多边协议和经济共同体会议讨论的一项内容，也为许多专家和学者的研究提供了机会。那么，中国经济快速发展的原因究竟何在，地方政府处于什么地位、在区域经济发展中扮演了什么角色，未来如何干预地区经济发展？本书基于中国经济快速发展的特殊现象，从行政生态视角探讨未来地方政府行为与区域经济发展的良性互动，以期对构建和谐社会尽绵薄之力。

一、研究目的、意义

世界各国的发展史已经证明，政府在经济和社会各项事业的发展中起着举足轻重的作用。通过政府与市场的有机结合，美国等发达国家率先实现了现代化，

---

① 阿瑟·刘易斯. 经济增长理论 [M]. 上海：上海三联书店，1994：515.

中国要想巍然屹立于世界民族之林，当然离不开政府的积极作用。而政府又分中央政府和地方政府，地方政府作为国家权力和利益的主体之一，在政府体系中处于基础地位。它在经济发展中发挥什么作用，如何发挥其作用？这不仅关系到地区经济能否实现全面、协调、可持续发展，而且关系到能否有效增强整个国家的综合国力和满足广大人民群众日益增长的物质文化生活需要。尤其是当今社会处在经济全球化、信息化、市场化的大趋势和世界性的政府改革浪潮中，中国行政环境发生着深刻变革，地方政府做什么、做多少、怎么做，并不完全取决于自身。为此，研究地方政府如何适应行政环境变化，推动区域经济协调发展，以保持中国经济与社会的快速发展，具有十分重要的理论与现实意义。

首先，有利于地方政府经济理论研究的创新。对政府经济理论的研究一直是国内外经济理论学界和政策制定者们关注的问题，它虽然不是一个新话题，但是，以前对这一问题的研究主要聚焦于中央政府。新中国成立以来，长期受中央政府高度集权体制的制约，地方政府只是作为中央政府的计划执行者角色而存在，因此，对地方政府作用的研究明显不足。然而，20世纪80年代以后，中国政府进行了以分权让利为主导思想的改革，其核心内容围绕着中央与地方政府间计划、财政、税收、金融、外贸经营、区域政策等方面权力的重新划分展开。分权化改革重塑了中央政府与地方政府之间的权力关系，将以计划经济为基础的中央集权体制逐步转型到以市场经济为主导的地方分权体制，形成了中央与地方分权化的格局。中央政府通过分权化改革，赋予了地方政府促进地区经济发展的动力与活力。最关键的是经过分权化改革，地方政府拥有了一定的决策权和管理空间，资源配置、调控能力明显增强，能够依据本地的具体情况，创造多样性的发展模式，使地方的经济、社会发展水平迅速提高，人民的生活水平也在不断提高。另外，由于我国市场机制以及对地方政府行为的约束和激励机制还不完善等，行政分权化改革也带来区域与区域之间的竞争。地方政府在"区域经营"中，基于利益驱动产生一些不规范行为，如地方保护主义造成的市场分割、重复建设、资源配置效率低等。为此，在全球经济一体化、构建和谐社会、建设服务型政府等客观环境下，研究中国地方政府行政行为与区域经济发展的良性互动，有利于地方政府经济理论研究的创新，能够为矫正和规范地方政府经济行为提供有益的理论指导。

其次，有利于深化对我国经济持续稳定增长动力的认识。改革开放以来，中国经济高速增长，引起众多国内外学者的普遍关注，人们从不同角度阐释过中国现象。有的学者提出，"对我国地方政府在经济增长过程中扮演了什么样角色的研究，很可能是解谜的钥匙之一"，事实如此。20世纪80年代以后，中国步入转换经济体制改革的快车道，从中央政府放权开始。但由于微观经济主体和社会还远未发育成熟，中央下放的行政权、经济权、立法权大部分转移到地方政府手中，而且随着中共和国家工作重心转变到以经济建设为中心的轨道上，地方政府接替中央政府逐步成为推动各地区经济发展的主体力量，在经济发展中扮演了十分重要的角色，在一定程度上，可以说中国的市场经济是"地方政府主导型市场经济"。中国这种特殊的改革历程决定了地方政府主导地区经济发展进而推动中国经济的快速增长，构成了我国经济高速发展的一个基本动力。因此，研究中国地方政府在区域经济发展中的作用，有利于深化对我国经济持续稳定增长动力的认识。

最后，有利于落实服务型政府与社会主义和谐社会的构建。构建和谐社会是党中央明确提出的未来我国发展的战略目标，客观地需要地方政府模式转型。改革开放后，地方政府成为推动我国经济发展的主体力量，极大地促进了我国经济的发展。但是，中国经济高速增长的背后，经济结构的失衡、资源的巨大消耗、环境的严重破坏、公共事业的滞后等深层次矛盾日益突出，而这些问题与地方政府改革开放后推动地区经济发展中的经济行为密切相关。有些地方政府把"发展是硬道理"简单理解为"增长是硬道理"，也有些地方政府把"以经济建设为中心"当作"以速度为中心"，有些地方政府为追求产值不惜以牺牲资源、环境为代价，还有些地方政府不顾地区发展实际盲目攀比、重复建设，甚至利用行政权力大搞"政绩工程"、"形象工程"，人为降低了经济发展的效益。面对我国现实中存在的这些深层次矛盾，党中央适时地提出建设服务型政府、"构建社会主义和谐社会"的发展新思路。因此，在这样的发展理念下，研究地方政府在经济发展中的作用，有利于促进地方政府职能转变、模式转型，以实现区域经济的协调、可持续发展。

二、研究内容

第一章地方政府基本界定与研究视角。基本概念界定是本书研究的逻辑起点,本章起始于政府、中国地方政府的概念界定,提出并阐释本书"行政生态"这一新的研究视角。

第二章政府的经济作用与区域经济发展理论。本章从历史、理论和实践三个方面对政府的经济作用进行研究。对于区域经济如何发展,本章从两方面进行理论探究。先阐述马克思主义有关经济发展的理论;再梳理西方有关区域经济发展的理论。时间跨度从20世纪20年代到80年代以后。通过纵向研究梳理区域经济理论的发展脉络,并分析了区域经济发展理论对地方政府主导经济发展的启示和可供借鉴的地方。

第三章中国地方政府角色模式的演变。地方政府不是孤立存在的,中央与地方的关系决定着地方政府作用的发挥,本章先从地方政府与中央政府纵向关系的角度,阐述了马克思主义经典作家有关中央与地方关系的理论;再基于行政生态约束视角,对不同历史时期,中国地方政府的角色模式及经济作用进行了分析。本书提出计划经济体制下,地方政府是一个执行机构,扮演着执行者的角色。而在社会主义市场经济条件下,随着市场经济的不断完善和行政环境的变化,地方政府角色模式以及经济作用方式必将随之转变,转变为地区经济发展的引领者、推动者。在宏观调节、微观管制、直接参与三个层面发挥作用。

第四章新中国成立以来地方政府与区域经济发展的历史考察。本章从历史的角度,考察了新中国成立以来区域经济发展与地方政府的作用。基于我国不同历史时期、不同体制和不同的国家经济发展政策下,地方政府的地位及发挥的作用具有差异性的现实,本章从三个历史时期进行了考察。第一个历史时期,新中国成立初期大区制与地方政府;第二个历史时期,"文革"时期三线建设与地方政府;第三个历史时期,改革开放以来地区发展差异与地方政府。回顾新中国成立以来中国经济发展的历史,反映了地方政府在经济发展中有着越来越不可替代的历史作用。

第五章地方政府主导作用与区域经济发展的实证研究。本章从实证角度,以改革开放以来经济发展中的发达地区和欠发达地区一些地方政府的经济行为为例，进一步阐释了地方政府主导经济发展，推动经济快速增长的基本经验。认为无论是以长江三角洲、珠江三角洲为代表的发达地区，还是以内蒙古"金三角"为代表的欠发达地区，地方政府的作用在地区经济的快速发展中都具有关键意义。

第六章区域经济发展中地方政府不规范行为分析。本章主要阐释了地方政府在主导区域经济发展，发挥积极作用的过程中存在的一些不合时宜的问题，并对其原因进行了简要分析。认为地方政府决策不科学行为、职能履行中的趋利行为和主导经济发展方式的不规范等行为，主要与地方政府体制不完善、行政权力缺乏有效监督、行政考核机制不合理、社会转型期不完善的经济体制密切相关。

第七章行政生态观引领地方政府职能转变与区域经济协调发展。本章以行政生态理论倡导的政府行为与行政环境两者之间保持互动和动态平衡关系为原则，探讨矫正地方政府不规范行为的路径。认为无论是调整中央与地方政府利益关系，还是转变地方政府职能及履职方式，都要与当前我国实行依法治国、构建和谐社会、建设服务型政府、完善社会主义市场经济体制等客观环境相适应，这是区域经济协调发展中地方政府经济作用有效发挥的重要途径，并对如何调整中央与地方政府利益关系、如何转变地方政府职能及履职方式提出一些具体思路。

三、研究特色

第一，改革开放以来，我国国内生产总值保持了骄人的年均增长速度，2008年更跻身于世界第三大经济体，创造了令人瞩目的中国奇迹。中国经济快速增长的奥妙何在？中外学者从不同的角度给予了回答，但笔者认为，地方政府的主导作用才是中国经济快速增长的主要原因，并用翔实的资料对这一论断进行了论证。

第二，区域经济发展中地方政府的主导作用是在特定历史条件下形成的。如同一枚硬币具有两面性一样，地方政府在主导区域经济快速发展中，也产生了一些不规范行为，给区域经济发展以及国家整体利益带来负面影响。随着客观环境的变化，凸显出矫正地方政府行为的必要性与紧迫性。笔者立足于区域经济协调发展，以实现地方政府行为与行政生态环境动态平衡关系为前提，提出了矫正地方政府不规范行为的具体路径，最终实现地方政府作用有效发挥和区域经济协调发展的目的。

第三，地方政府主导经济的理论基础是什么？笔者详细介绍了马克思主义经济发展理论、古典产业布局理论、传统区域发展理论和现代区域发展理论，并就这些理论与地方政府的经济行为做了一般性分析，从中总结出了值得借鉴的理论成果，并结合中国地方政府的实际进行了分析。

第四，对地方政府在市场经济条件下的经济作用进行了界定。将地方政府在经济发展中的主导作用具体确定为三个层次：宏观调节性主导作用、微观管制性主导作用、直接参与性主导作用。

第五，对地方政府主导经济的经验进行了实证研究。笔者选取了长三角、珠三角作为发达地区和内蒙古"金三角"的鄂尔多斯市作为欠发达地区的代表城市进行了对比研究，总结了地方政府在推动经济发展中的经验。提出发达地区地方政府的主导经验是：通过地方发展战略规划建立地区竞争优势；通过设立开发区构筑地区经济的增长极；通过控制和重新配置土地等基础资源提高资源利用效率；通过垄断性的直接投资和经营公共产品促进地区经济发展；通过制度创新增强地区经济发展动力；通过确立和调整区域发展战略发挥地区竞争优势；通过引入外部生产要素推动地区经济发展的市场化进程。欠发达地区地方政府的主导经验是：通过调整区域发展布局提高地区经济发展效益；通过实施反梯度战略推进工业化进程；通过创造经济发展环境增强地区竞争力。

目 录

第一章 地方政府基本界定与研究视角 ·············· 001

    第一节 地方政府界定 ·············· 001

    第二节 行政生态理论 ·············· 005

    本章注释 ·············· 010

第二章 政府的经济作用与区域经济发展理论 ·············· 013

    第一节 政府的经济作用 ·············· 014

    第二节 马克思主义经济发展理论 ·············· 031

    第三节 西方区域经济发展理论 ·············· 034

    本章注释 ·············· 046

第三章 中国地方政府角色模式的演变 ·············· 049

    第一节 中央与地方关系的理论 ·············· 049

    第二节 行政生态约束下的中央与地方关系调整及地方政府角色转变 ·············· 055

    本章注释 ·············· 070

第四章 新中国成立以来地方政府与区域经济发展的历史考察 ·············· 071

    第一节 新中国成立初期大区制与地方政府 ·············· 071

    第二节 "文化大革命"时期的三线建设与地方政府 ·············· 077

第三节　改革开放以来地区发展差异与地方政府 …………… 084
　　本章注释 …………………………………………………………… 093

第五章　地方政府主导作用与区域经济发展的实证研究 ………… 095
　　第一节　长三角地区地方政府主导经济发展研究 …………… 095
　　第二节　广东珠三角地区地方政府主导经济发展研究 ……… 105
　　第三节　内蒙古"金三角"地区地方政府主导经济发展研究 … 111
　　本章注释 …………………………………………………………… 121

第六章　区域经济发展中地方政府不规范行为分析 ……………… 123
　　第一节　地方政府主导区域经济发展的不规范行为 ………… 123
　　第二节　地方政府不规范行为的原因分析 …………………… 134
　　本章注释 …………………………………………………………… 140

第七章　行政生态观引领地方政府职能转变与区域经济协调发展 … 141
　　第一节　行政生态观引领中央与地方政府利益关系的调整 … 142
　　第二节　行政生态观引领地方政府职能转变 ………………… 149
　　第三节　行政生态观引领地方政府主导区域经济发展方式的转变 … 156
　　本章注释 …………………………………………………………… 161

第八章　本书结论 …………………………………………………… 163

参考文献 ……………………………………………………………… 167

后　　记 ……………………………………………………………… 175

第一章　地方政府基本界定与研究视角

第一节　地方政府界定

一、政府的含义

对于政府的定义，我们可以在各种各样的文献中找到许多说法，对政府的不同定义在一定程度上反映了人们在不同的历史发展阶段对政府的认识。这里，我们选择马克思主义经典作家和西方思想家对政府定义的两种比较典型的说法来比较研究。

首先，马克思主义经典作家虽然没有直接给政府下定义，但由他们对国家的阐释，我们可以推论出他们对政府的看法。正如学者李景鹏认为："政府是国家的具体化。国家概念所指涉的领域是政治统治，而政府概念所指涉的领域是政治管理"。[1] 国家是一个抽象的概念，其表现形式则是政府。国家和政府之间在某种程度上仍然是互为表里的统一体，政府无非是国家意志的体现。有时，在我们对国家与政府不做进一步区分的前提下，把国家与政府等同起来使用也被普遍采用。在《共产党宣言》中，马克思和恩格斯指出："当阶级差别在发展进程中已经消失而全部生产集中在联合起来的个人的手里的时候，公共权力就失去政治性质。原来意义上的政治权力，是一个阶级用以压迫另一个阶级的有组织的暴力。"[2]

恩格斯指出："确切地说，国家是社会在一定发展阶段上的产物；国家是承认：这个社会陷入了不可解决的自我矛盾，分裂为不可调和的对立面而又无力摆脱这些对立面。而为了使这些对立面，这些经济利益互相冲突的阶级，不致在无谓的斗争中把自己和社会消灭，就需要有一种表面上凌驾于社会之上的力量，这种力量应当缓和冲突，把冲突保持在'秩序'的范围之内；这种从社会中产生但又自居于社会之上并且日益同社会相异化的力量，就是国家。"[3] "由于国家是从控制阶级对立的需要中产生的，由于它同时又是在这些阶级的冲突中产生的，所以，它照例是最强大的、在经济上占统治地位的阶级的国家，这个阶级借助于国家而在政治上也成为占统治地位的阶级，因而获得了镇压和剥削被压迫阶级的新手段。"[4] 列宁对国家的含义的界定是："国家是维护一个阶级对另一个阶级的统治的机器……国家是一个阶级压迫另一个阶级的机器，是迫使一切从属的阶级服从于一个阶级的机器"[5] 这个定义是列宁对马克思、恩格斯阐述的国家观点最全面的概括。它有三层含义：国家是有阶级社会的组织，国家是阶级统治，国家是个机器。长期以来，这一说法被认为是马克思主义的经典论述，成为我们定义国家的主要依据。也有学者认为，这一说法并不是马克思关于"国家"的全部含义。[6] 马克思在《德意志意识形态》一书中指出："现代国家是与这种现代私有制相适应的"。[7] "由于私有制摆脱了共同体，国家获得了和市民社会并列的并且在市民社会之外的独立存在；实际上国家不外是资产者为了在国内外相互保障自己的财产和利益所必然要采取的一种组织形式"。[8] 列宁也指出：现实中，政府都"是由一批专门从事管理、几乎专门从事管理或主要从事管理的人组成"。[9] 从这里可以看出，在马克思和列宁看来，国家除了作为阶级压迫的工具之外，还是一个保障财产和利益以及从事管理的组织。

其次，西方思想家对政府的定义。霍布斯在《利维坦》中给政府下的定义是："国家是摆脱自然状态的有力工具"。他认为，人类处于自然状态下的生存是一种混乱无序的状态，选择政府就是要改变这种状态，使人类的生存有所保障。洛克在《政府论》中给政府下的定义是，国家是人们之间通过签订契约而组成的一个共同体。洛克和霍布斯给政府下的定义，其共同之处在于，国家都建立在人们让渡自己权力的基础之上。但他们之间有着本质上的区别，霍布斯提倡的国家是具有绝对权力的，而洛克提倡的国家所具有的权力只是在为它的成员提供福利的范围内存在，是有限的政府。卢梭在《社会契约论》中提出："政府就是在臣民与主权者之间所建立的一个中间体，以便使两者得以互相适合，它负责执行法律并维持社会的以及政治的自由。"霍布斯和洛克都认为，政府的建立是一项契约行为的结果。这一契约规定一方有发号施令的权力，而另一方有服从的义务。卢梭的"人民主权论"抛弃了从属关系的契约，坚持了结合契约，认为在一个政府中只能有一个契约，那就是人们结合为一个共同体的契约，也就是社会契约，而这个契约本身就排斥了其他一切契约。政府是受主权者的委托产生的，是主权者的执行人，以主权者的名义行使主权者所托付给它的权力，主权者可以限制、改变和收回这种权力。

美国政治学家罗伯特·达尔给政府下的定义是："政府是指在一特定领土内成功地支持了独掌合法使用武力的权利以实施法规的任何治理机构。"[10] 查尔斯·林德布洛姆也认为："对于任何既定的人民，一个政府在这样的意义上是存在的，即作为对他们行使权威的集团之一，它拥有对其他一切人或权利要求的权威，不会遇到来自于一个与之平起平坐的权利要求者的挑战，它在维护自身秩序方面具备居于其他一切组织之上的普遍的权威。"[11]

从以上分析可以看出，在马克思主义经典作家看来，一方面，把国家看作统治阶级压迫被统治阶级的工具；另一方面，国家也是一个保障财产和利益的组织。这使我们认识到，在看到国家的阶级属性的同时，还应该看到国家对整个社会公共事务管理的属性。就是说国家作为阶级统治的暴力工具，既执行着阶级统治的特殊职能，同时又作为整个社会的正式代表，执行者管理公共事务的社会职能。正如恩格斯所说的，国家"是整个社会的正式代表，是社会在一个有形的组织中的集中表现"。[12] 国家正是以社会公共利益主体的身份成为整个社会的人格代表，是一种共同体。这种共同体的形式表现在，国家的管理对象是全体国民、国家所制定的法律，对全社会所有成员都具有普遍的约束力；国家权力不仅在社会各种类型的权力中效用最高，而且总是以社会整体的代表身份，作为社会秩序的维护者和解决各种纠纷和冲突的最终仲裁者出现的。具体地说：①国家是阶级矛盾不可调和的产物和表现，但国家的出现不是为了激化原来的阶级矛盾，而是为了建立一种秩序。国家正是为了调和阶级矛盾而产生的。②国家是统治阶级镇压被统治阶级的工具,是一个阶级压迫另一个阶级的暴力机器。但是这种暴力不只是镇压的工具,它同时也是维护社会秩序、生产秩序和生活秩序,管理社会公共事务,调节人们的公共关系的社会公共权力。

在西方思想家看来,政府是一种公共权力,是超阶级的共同体。权威性是政府的根本属性。正如世界银行在《1997年世界发展报告》中指出:政府在其领土之内具有强制力,这使它在解决问题时具有独特的力量;国家拥有高压统治的垄断权,这一垄断使其获得了一种对经济活动有权干预的权力。斯蒂格利茨也强调:"作为一经济组织的政府和其他经济组织相比,有两大显著特性:第一,政府是一对全体社会成员具有普遍性的组织;第二,政府拥有其他经济组织所不具有的强制力。"[13]

通过以上比较可以看出,马克思主义经典作家和西方思想家对政府的看法是有很大分歧的,但他们在政府作为公共权力的执行者以及具有公共事务管理职能这一点上是普遍认同的。本书正是在这一意义上定义政府的,即政府是国家社会公共事务的管理机构,在主导国家经济、社会、文化发展方面发挥着重要的作用。

二、中国地方政府的界定

地方政府,在不同的国家表现各异,不同学者之间也存在着并不完全相同的看法。比如,有的从管辖区域的范围;有的从权力的纵向来源;有的从管辖事务的性质;有的从政府层级的划分;有的从与中央政府的对应关系等不同角度给地方政府下了不同的定义。尽管如此,但由于中国是一个单一制国家,在我国,地方政府一般是相对于中央政府而言的一个概念。有关地方政府的争议,主要是界定地方政府应该包括哪些机关。

地方政府的界定源于政府的界定,在学术研究中,我国许多学者从广义和狭义两个方面来分别定义政府,比如,政府"广义泛指行使国家权力的所有机关,包括立法、行政和司法机关。狭义指国家政权机构中的行政机关。"[14]在实践中,我国关于政府的法定定义是狭义政府,即指国家权力机关的执行机关或国家行政机关。如《中华人民共和国宪法》规定：中华人民共和国国务院，即中央人民政府，是最高国家行政机关。地方各级人民政府是地方各级国家权力机关的执行机关，是地方各级国家行政机关。

在对地方政府的界定上，也有广义、狭义两个方面。如《中外政治制度大辞典》提出，狭义的地方政府是指地方行政机关，广义的地方政府是指一个政府单元，即由地方代议机关与行政机关组成的整体；《辞海》认为："地方政府是中央政府的对称。是设置在地方各级行政区域内负责行政工作的国家机关。"有的学者也认为："近代以来，所谓地方政府，通常是指设置于地方各级行政区域内的地方各级国家权力机关的执行机关，即地方各级国家行政机关。"[15] 从我国现实国情出发，本书把地方政府定位于广义的地方政府，包括地方共产党组织、立法机关、司法机关和行政机关。因为，一是，我国宪法规定"中国共产党是社会和国家的领导力量"。在现实政治体制下，党委在各个地方政府组织中发挥了核心作用，因此可以将地方党委纳入到地方政府范畴之中。二是，在2006年1月1日实施的《中华人民共和国公务员法》中，把公务员的范围从《国家公务员暂行条例》中的行政机关工作人员扩大到党委、人大、政协、审判、检察、民主党派等机关的工作人员。这种划分不同于西方国家的公务员，体现了中国国情，因此，从广义的角度，中国地方政府应包括地方党委、人大、政府、政协、法院、检察院等组织。

第二节　行政生态理论

行政生态理论是现代行政学理论的重要组成部分，行政环境问题是其研究的核心内容，它强调要从行政系统与行政环境的协调统一中去改革或设计行政系统，以实现行政系统与行政环境的动态平衡。行政生态理论的提出及其发展起始于西方国家，它反映了公共行政步入管理现代化、科学化的时代。

一、西方行政生态理论

生态学产生于19世纪末和20世纪初，原是研究生物与环境关系的一门自然科学。当人们应用生态学的理论和方法研究行政现象，就有了所谓生态行政学。其研究基点在于政府赖以生存和运作的生态系统的重要性，强调政府与其环境的互动和动态平衡。

所谓行政环境是指存在于行政系统周边并对行政系统发生直接或间接影响的各种外部因素的总和。行政环境研究随着国际社会对自然生态环境关注度的加深而兴起。早在20世纪初西方科学管理理论兴起后，美国行政学家怀特运用泰勒的科学管理理论和方法，在推进行政管理研究中论述了社会变迁对行政任务的影响，提出国家行政深受所处时代政治、经济等环境因素的影响。怀特论述的行政环境理论包括经济环境、政治环境、社会环境和科技环境。①在经济环境方面，怀特认为，新工业革命、垄断资本主义的形成等经济环境的变化，增加了政府干预的重要性和复杂性，促进了国家行政职能转型，影响着国家行政职能、任务范围的变化与发展。②在政治环境方面，怀特认为，资本主义经济危机加剧了社会矛盾，由此引发的社会危机等政治环境的变化，对政府协调劳资关系、干预政党竞选等职能的增加提出了新要求。③在社会环境方面，怀特认为，随着政府职能扩展、公务员队伍扩大以及政府对经济和社会生活干预的加强，公民对政府管理的各个方面提出了更高要求。④在科技环境方面，怀特认为，科学技术的发展改善了行政设备，提供了新的行政方法，使行政管理工作日益从经验管理走向科学管理。由此可见，社会环境变迁对行政管理的影响较早地引起了人们的重视。

最先运用生态观点来研究行政现象的是美国公共行政学家约翰·高斯。1936年、1947年，在他发表的《美国社会与公共行政》、《政府生态学》中提出了行政生态问题，阐述了政府行为与社会环境关系的重要性，强调政府与其生态环境的交互作用。而学术界公认的行政生态理论的集大成者是里格斯。1957年、1961年，美国人里格斯的《比较公共行政模式》、《公共行政生态学》以及其他一系列论著中，运用生态学的理论与方法研究行政问题，确立了行政生态学的基本思想，从而成为行政生态学的创始人。行政生态构成要素、行政生态类型、不同行政生态下行政模式的特征是里格斯行政生态理论中最具代表性的三方面内容。

（1）在行政生态构成要素方面，里格斯认为，影响一个国家行政的生态要素是多种多样的。其中，经济要素、社会要素、沟通网、符号系统、政治体制五个要素是最主要的，而经济要素是影响行政的首要因素。他认为，一个国家的行政模式基本上由该国的经济结构所决定。

（2）在行政生态类型方面，里格斯基于人类历史上存在着传统农业社会、过渡社会、现代工业社会三种不同社会形态的认识，从行政的经济环境方面，相应提出三种反映不同社会形态发展水平的行政模式。一是融合型，即农业社会的行政模式；二是棱柱型，即过渡社会的行政模式；三是衍射型，即工业社会的行政模式。

（3）在不同行政生态下行政模式的特征方面，里格斯重点阐述了发展中国家的行政问题，认为处于过渡社会阶段的发展中国家行政属于"棱柱型行政"，具有三个特征。一是异质性，指过渡社会中同时存在农业社会、工业社会的行政风范、行政行为、行政理念；二是重叠性，指行政机构上存在传统的与现代的重叠；三是形式主义，指理论与实际不相符，法规、制度等只在文字意义上。[16]

里格斯的思想不仅代表了西方行政生态理论，而且对我国行政学领域探索中国行政环境问题也产生了重大影响。他的行政生态理论的核心价值点在于开创了行政管理学研究的新视野，为人们跳出政府自身系统，在更加广阔的范围内系统地研究国家行政现象，正确理解和研究行政制度、行政模式提供了理论和实践指导，使行政环境研究越来越受到学者的广泛关注。为其他学者进一步探索行政环境与行政系统相互关系奠定了理论基础。

1970年，卡斯特发表的《组织与管理》将组织环境区分为一般环境和工作环境。认为一般环境对组织的影响是间接的，而工作环境是组织运行过程中有着更为直接联系的要素。他所关注的就是组织系统与其环境系统之间的互动关系，指出现代社会环境正在变得更加动态和不确定，未来的组织更多受到外界环境力量的影响，必须随时转变以适应环境。1976年，卢桑斯发表的《管理学导论》，提出了管理系统与环境系统之间具有整体性、开放性、反馈性、权变性等特征。由此表明，卡斯特、卢桑斯的思想离阐释行政管理系统只有适应环境系统才能生存和发展、行政环境与行政系统的动态平衡关系理论更近了一步。

二、中国行政生态理论

20 世纪 80 年代以后，随着国内政治学、行政学等学科研究的恢复，在西方行政生态理论的影响下，我国学者对行政生态方面的研究成果有所增多。对行政生态概念、行政生态要素、行政环境与行政管理关系的认识均有阐释。从研究资料看，早期研究成果中，中国台湾学者彭文贤 1988 年发表的《生态行政学》和中国大陆学者王沪宁 1989 年发表的《行政生态分析》比较有代表性。王沪宁认为，行政系统与行政生态环境之间的平衡关系是行政优化的基本条件之一。行政生态环境是与行政系统有关的各种条件之总和。其中，最重要的是政治圈、经济圈和文化圈。从经济圈看，行政系统在一定的经济条件和经济要求上产生，受社会生产方式和生产活动制约。服务于经济、促进经济发展是行政系统最根本的任务。从政治圈看，有何种政治，就有何种行政，行政系统一般应执行政治系统的决策和方针。从文化圈看，文化包含思想、观念、价值、心理、舆论等诸多内容，行政系统也受其影响和制约，一定的意识形态必然会影响行政系统的功能和运行。行政系统与经济圈、政治圈、文化圈能够达成平衡关系的，成效则大。

20 世纪 90 年代后，在我国社会快速转型的条件下，国内行政领域对行政环境变化与行政系统变革的本土化研究有所增加，研究成果展现在行政学教材和相关学术期刊中。但是，总体而言，对"行政环境"的论述居多（尤其体现在行政学教材中），而有关"行政生态"理论专著、文章的研究明显不足。从探讨的问题看，主要涉及行政生态、行政环境的概念、特点、分类、行政生态要素、行政环境与行政管理的关系等方面内容，尤其集中在以下三个核心问题。

（一）行政生态概念

行政学领域享有较高权威的夏书章教授，在其《行政管理学》（1998）一书中认为，行政环境是行政系统赖以存在和发展的外部条件的总和。并提出，"在行政管理领域，行政系统与其周围行政环境之间的有机联系，便构成行政生态环境。行政系统是指由行政组织和行政人员组成的、具有活力的行政现象和行政过程"。[17] 从他的表述来看，行政生态是行政环境与行政系统的有机体。此外，王乐夫、倪星的《公共行政学》(2006)在界定行政生态概念时也指出,"公共行政生态是公共行政实践的前提、依据,施加影响的客体或对象。在公共行政领域,行政系统与其周围的行政环境之间的有机联系,就构成了公共行政生态"。[18] 淳于淼泠等学者也认为,行政生态概念的外延大于行政环境,在内涵上,行政生态包括行政系统的外部环境、内部环境以及行政系统内部环境与外部环境的平衡。可以看出,以上观点代表了理论界对行政生态概念的基本看法。也就是说,行政生态不同于行政环境,它是行政系统自身与外部行政环境的有机统一体。

(二) 行政生态的构成要素

关于行政生态构成要素的研究,我国许多学者将其分为国际环境、国内环境两大类。国际环境、国内环境又区分为政治环境、经济环境、社会环境、文化环境。每个环境要素又可划分为几个元素。政治环境最主要的元素包括非行政权力、政治状况、政治传统。经济环境指社会的经济活动方式及经济力量;社会环境指社会中各种社会结构,如家庭、社会组织、社会阶级。文化环境指存在于社会中的各种价值观念以及该社会的教育制度等。比如,夏书章教授将与行政系统关系较密切的环境分为国内和国际两大类。国内行政环境包括社会和自然两大领域。行政环境主要指经济环境、政治环境、文化环境、人口、民族、历史传统等。经济环境指作用于行政系统的物质技术和经济制度;政治环境指作用于行政系统的国家政治制度;文化环境指作用于行政系统的科学技术、文化教育、思想意识形态、宗教、道德、社会心理等。比较而言,学者对国内行政环境的阐述较为细致,对国际行政环境的阐释较为简略。

(三) 行政生态与行政系统的关系

行政生态与行政系统的关系是行政生态理论的核心内容,一般包括四种具体关系:一是政治与行政的关系。简言之,行政依靠政治的领导,政治则依靠行政实现其目标。二是经济与行政的关系。简言之,经济系统为行政提供力量,行政系统给经济活动提供必要的指导和支持。三是社会与行政的关系。简言之,社会对行政的影响,主要集中在家庭为行政提供人员和社会组织担任公共舆论的传达者上。行政也可以实现社会组织所要求的某些目标。四是文化与行政的关系。概言之,行政是文化的产物,文化会影响行政制度、行政人员的行为。

从学术研究成果看，对行政生态与行政系统关系的研究，有以"行政环境"为基本概念和以"行政生态"为基本概念两种，比如，以"行政环境"为基本概念。夏书章教授认为，一方面，行政管理与行政环境之间是相对平衡的。一是行政管理要符合行政环境特别是要符合社会制度的性质。二是行政管理要适应行政环境的现状和发展水平。三是行政管理要适应行政环境的发展方向。并且，这种平衡关系具有综合平衡、宏观平衡、暂时平衡三方面的特殊表现。另一方面，行政管理在适应行政环境的同时，又必须积极地利用和改造行政环境。[19]这里主要阐述了行政环境与行政系统相互影响、相互依赖、相互关联的动态平衡关系。安亮（2010）以"行政生态"为基本概念，论述了行政生态系统中经济、政治、文化三个核心要素与行政系统的互动影响关系。经济生态方面包括我国传统产业与新兴产业并存、国有经济主导与多种经济成分共同发展、市场经济体制不完善；政治生态方面包括政党制度、社会团体的政治参与度和社会流通性的发达程度；文化生态方面包括社会主义和谐文化、行政公共关系文化、行政运行文化等。[20]综合学界研究总体而言，行政系统与各种行政生态因素保持互动的平衡关系，对于行政系统本身具有重要价值。

改革开放后中国社会的快速转型，使我国地方政府所处的经济、政治、社会、文化和生态环境都发生了重大变革，从而影响着地方政府行为选择与区域经济发展实践。因此，上述中西方行政生态理论，对于我们分析地方政府与区域经济发展以及重构地方政府职能体系具有现实启示。以行政生态理论为指导，在当今全球化背景下，中国地方政府的职能选择必须与地区经济发展实际以及国内外发展现状相适应，才能促进地区经济的快速发展。

本章注释

[1] 李景鹏. 中国政治发展的理论研究纲要 [M]. 哈尔滨：黑龙江人民出版社 2000.

[2] 马克思，恩格斯. 马克思恩格斯选集（第1卷）[M]. 北京：人民出版社，1995.

[3][4] 马克思，恩格斯. 马克思恩格斯选集（第4卷）[M]. 北京：人民出

版社，1995.

[5][9] 列宁. 列宁选集（第4卷）[M]. 北京：人民出版社，1985.

[6] 乔榛. 中国地方政府规制改革研究[M]. 北京：经济科学出版社，2006.

[7][8] 马克思，恩格斯. 马克思恩格斯选集（第1卷）[M]. 北京：人民出版社，1972.

[10] 罗伯特·达尔. 现代政治分析[M]. 上海：上海译文出版社，1987.

[11] 查尔斯·林德布洛姆. 政治与市场[M]. 上海：上海三联书店，1995.

[12] 马克思，恩格斯. 马克思恩格斯选集（第3卷）[M]. 北京：人民出版社，1995.

[13] 斯蒂格利茨. 政府为什么干预经济[M]. 北京：中国物资出版社，1998.

[14] 中国大百科全书[M]. 北京：中国大百科全书出版社，1992.

[15] 薄贵利. 近现代地方政府比较[M]. 光明日报出版社，1988.

[16] 束义明，李莉. 西方行政生态学理论及其对我国公共行政改革的启示[J]. 成都行政学院学报，2005（2）.

[17][19] 夏书章. 行政管理学（第二版）[M]. 广州：中山大学出版社，1998.

[18] 淳于淼泠，李敏. 行政学教材中"行政环境"之内容编排[J]. 北京教育学院学报，2015（4）.

[20] 安亮. 和谐社会视域下我国行政生态与行政系统的互动影响[J]. 重庆科技学院学报（社会科学版），2010（8）.

第二章　政府的经济作用与区域经济发展理论

许多年来，区域经济发展不均衡问题，一直是国内外经济理论学界和政策制定者们共同关注的宏观经济问题。诸多的研究成果虽已将区域间客观存在的经济发展不均衡问题视为一个众所周知的不争事实，然而却在研究和探讨区域间经济发展不均衡的成因时，众说纷纭、莫衷一是。除了既有的"历史基础论"、"发展区位论"和"资源禀赋论"外，近年较为成熟和流行的观点，则是将区域间经济发展的不均衡主要归因于区域间经济发展政策与制度的显著差异。虽然经济发展是多种因素综合作用的结果，但是在现代经济发展过程中，政府有着独特而不可替代的作用。国家之间经济发展的差距，在一定程度上取决于政府的决策及调控能力；区域经济发展的差异，在一定程度上也取决于地方政府不同发展战略的制定。改革开放以来我国区域发展差距明显扩大，自然与地方政府支配经济发展的能力直接相关。因此，研究区域经济发展问题必须先搞清楚政府为什么干预经济以及如何干预经济，这也是本章重点讨论的问题。

第一节 政府的经济作用

一、政府经济作用的历史考察

（一）政府作用的历史演进

从前文对政府含义的分析可以看出，国家是阶级矛盾不可调和的产物，但国家的出现不是为了激化矛盾，而是为了调和矛盾；国家是阶级压迫的工具，但同时也是调节人们公共关系的社会公共权力。国家的这些作用不是一蹴而就的，而是有一个逐步演化的历史过程。

国家最初发挥的作用是处理不同利益集团之间的关系。原始社会是没有国家的，人们在不同氏族或部落中相互关怀，平等相处，处在原始共产主义时期。但是，随着生产力的不断发展，到了原始社会的后期，出现了剩余产品，从原始的氏族或部落中分化出不同的利益集团，即占有剩余产品的富人集团和失去生存资料和人身自由的穷人集团，这种不平等关系最终引起的是不同集团之间的利益冲突。为了处理这种利益集团之间的冲突，作为利益上处于绝对优势的集团会要求建立一个可以凌驾于各集团之上或者说在形式上超越各集团利益的组织来处理这种冲突。由此可以看出，国家的最初作用就像马克思指出的那样，是剥削阶级用来压迫被剥削者的工具。

国家的这种作用，在不同的阶级国家表现为不同的形式。在奴隶社会，奴隶制国家主要是用来维护奴隶主阶级的利益，为此国家通过自己拥有的暴力机器镇压或威慑奴隶的反抗。进入封建社会以后，取得政权的封建地主阶级同样利用国家的专制权力来保障自己的经济利益，并对农民或农奴实施阶级压迫和阶级统治。到了资本主义社会，资产阶级夺取了政权，为了保证资本家最大限度地追求剩余价值，作为资产阶级总代表的国家从各个方面维护资产阶级的利益。

国家作为阶级压迫的工具，在阶级社会的各种形态下确实发挥了压迫被统治阶级的作用。虽然这是国家作用贯穿的一条主线，但在政府作用演进的过程中，不断扩大的公共权力使得国家发挥作用进入了一个新的阶段。这种作用集中体现在政府对经济社会生活的干预上。而最典型的形式是从资本主义原始积累阶段逐步表现出来的。资本主义原始积累是推动生产者和生产资料分离的历史过程。从15世纪末开始，英国发生了掠夺农民土地的"圈地运动"。"圈地运动"带来两个直接后果：一是为毛纺织业的发展提供了有利的条件。二是产生了大量失去土地且没有工作的农民。如此，一方面是毛纺织手工业的迅速发展；另一方面是失去生产资料但具有人身自由的大量劳动者。为了使这些劳动者成为工场手工业急需的工人，英国政府颁布了一系列法律，强迫他们进入工场成为雇佣工人。资本主义原始积累的历史充分表明，没有国家的干预，工场手工业的发展是难以想象的。资本主义原始积累的另外一些因素，如殖民制度、国债制度、现代税收制度和保护关税制度等，都鲜明地打着国家的烙印。

从以上分析可以看出，进入资本主义社会以后，政府的作用已演进到了一个新的阶段。这个阶段的政府尽管仍在发挥着维护统治阶级利益的作用，但已发生了重大的变化，政府在经济社会生活中发挥的作用越来越大，但作用的方式有所调整。资本主义原始积累完成后，资本家需要一个能够充分竞争的环境，拒绝国家对经济生活的干预，政府被当成了"守夜人"。如果说国家是维护统治阶级利益的工具，那么资产阶级为实现更大利益要求国家不干预经济也就是顺理成章的事情了。当然，这个阶段的国家也不是没有任何经济功能，只不过是较原始积累时期有所减少，更多地体现在维护市场经济的秩序上，这一点亚当·斯密在《国富论》中有充分的论证。

亚当·斯密以后的资本主义发展，充分实践着自由竞争的原理，奉行了国家不干预经济的原则。但是，这种被经济学界普遍认同的发展模式在1929~1933年的经济大危机面前受到极大的挑战。在这种背景下，1936年凯恩斯发表了《就业、利息和货币通论》，国家干预理论登上了历史舞台。凯恩斯理论在第二次世界大战以后的资本主义国家受到极大的重视，绝大多数资本主义国家奉行了凯恩斯经济学的政策，举起了国家干预经济的大旗。从20世纪50年代开始的国家干预经济，使国家发挥作用又进入了一个新的阶段，资本主义国家对社会经济开始全面调节。与此同时，随着第二次世界大战后一系列社会主义国家的建立，苏联等社会主义国家在20世纪30年代形成的高度集权的计划经济体制模式成为这些刚刚建立的社会主义国家改革经济体制的标准，但在社会主义阵营里，几乎所有的社会主义国家都按照当时苏联的模式建立了计划经济体制。在这种体制下，国家的作用被放大到极端的程度，经济生活的各个方面甚至所有细节都受到国家指令性计划的干预。当然，社会主义制度下的国家指令性计划与资本主义制度下的国家干预有着本质的区别，但是，它们在国家发挥作用这个一般性问题上是相通的。[1]

通过简要地分析国家作用的演进历史，可以得出这样一个结论，即在不断发展过程中，国家在经济生活中发挥的作用越来越大，国家的经济作用也逐渐成为经济学研究的一个热点问题。

（二）政府经济作用的历史考察

"市场多一点"还是"政府多一点"，是几百年来经济学界争论不休的经典问题。这个问题的实质是如何处理政府和市场的关系问题，也就是政府在经济中如何发挥作用的问题。几百年来，一直存在着国家干预和自由经营两大经济思潮及其政策主张此消彼长、相辅相成的发展和演变。

1. 重商主义与原始的国家干预主义

15世纪至17世纪中叶产生并流行于西欧的重商主义，在人类思想史上第一次系统论证了政府在社会经济生活中的作用。重商主义分为早期重商主义和晚期重商主义两个阶段。早期重商主义主张国家应采取各种措施来保证货币不断增加，以保证任何时候在对外贸易方面都要收入大于支出，并要求国家加强对对外贸易的管制。晚期重商主义则主张先将货币输出国外，扩大购买，鼓励输出，实现贸易顺差。为此，晚期重商主义将国家实行关税保护政策作为一个重要原则，以保护本国工业，扶植国内制造出口商品的工业和手工业。

法国的重商主义认为，政府的主要责任应是不断致富，主张制定有利于本国商人和限制外国商人的政策，力主国家干预经济生活。英国的重商主义认为，对外贸易是增加财富和现金的重要手段，因此，国家应大力发展对外贸易，寻找世界新市场。主张国家应采取措施扩大本国工业和手工业，并采取保护关税政策。

主张对外经济扩张，称霸世界。

重商主义的主要目的是财富积累，财富的主要形式是贵金属，对外贸易是获取金银的最好办法，而衡量一国经济政策的好坏或成败是对外贸易顺差。因此，国家应积极主动地干预经济生活。

2. 经济自由主义与守夜人政府

到了18世纪，随着资本主义生产的发展，工场手工业逐渐向机械大工业过渡，资本主义生产方式逐步实现了历史性的变革。这时，重商主义这种封建专制主义色彩浓厚的原始国家干预政策已经逐渐跟不上资本主义生产方式的变革，而且日益成为社会经济发展的体制障碍，经济自由主义取代重商主义已经成为历史发展的必然。英国古典经济学家亚当·斯密在1776年出版了《国民财富的性质和原因的研究》（简称《国富论》），标志着经济自由主义时代的到来。

亚当·斯密认为，人类天性的交换倾向必将引起分工，而交换分工必然引起国民财富的增长。他认为，排除政府的干预，听任企业自由经营，不仅不会产生经济上的无政府状态，反而有利于市场经济的自然秩序规律发挥作用，他形象地把这种作用比喻为"看不见的手"。他指出，"由于每个人力图尽可能地使用他的资本去支持本国劳动，并指引劳动产品具有最大的价值，所以他必然是在力图使社会的年收入尽可能大。诚然，一般说来，他无意去促进公共利益，也不知道自己正在多大程度上促进公共利益。他宁愿支持本国劳动而不支持外国劳动，只是为了自己的安全；他指引这种劳动产品使它具有最大的价值，也只是为了自己的利得；在这种场合，也像在许多其他场合一样，他被一只看不见的手引导着，去达到一个他无意追求的目标。虽然这并不是他有意要达到的目的，可是对社会来说并非不好。他追求自己的利益，常常能促进社会的利益，比有意这样去做更加有效"。[2] 他认为，自由企业制度和自由市场机制即"看不见的手"完全能够实现资源的最佳配置和经济发展，政府只需充当一个"守夜人"。

亚当·斯密指出："君主完全摆脱了这样一种职责，在试图履行这种职责时他总是陷入无数的幻灭之中，任何人类的智慧和知识都不足以使他去恰当地履行这种职责；这个职责就是监督私人劳动，并指引它去从事最适合社会利益的职业，根据天然自由体系，君主要履行的只有三种职责，的确是三种非常重要的职责"。[3] 他据此提出了政府应具有的三项经典经济职能。①保护社会，使其不受其他独立社会的侵犯，即政府负有国家安全之责。②尽可能保护社会上每个人，使其不受社会上任何他人的侵害或压迫。这项责任具体为：用警察维持良好的社会秩序，设立公正的司法机关仲裁商务纠纷，制定制度、规则以利自愿交易。③建立并维护某些公共事业及其某些公共设施。他把公共工程分为两类：一类是便利一般商业的公共设施，如道路、桥梁、运河、港口。这类工程由政府主持建设，但其费用可取自受益者，其中有些设施，如运河，其具体经营也可交给私人，这比政府直接经营更有效。另一类是便利特殊商业的公共设施，如殖民地的贸易机构。这类机构由政府直接经营，但其费用也可取自受益者。

亚当·斯密认为，超出上述活动的政府活动是有害的，一是使资源配置状况恶化，二是滋生官员腐败。因此，他坚决反对政府对企业进行管制。他指出："管制的结果，国家的劳动由较有利的用途改到较不利的用途。其年产物的交换价值，不但没有顺应立法者的意志增加起来，而且一定会减少下去。"[4]

萨伊认为，自由市场和自由企业具有内在的宏观经济平衡功能。他在1803年出版的《政治经济学概论》中提出一个著名的论断：供给能自动创造对自身的需求。这就是有名的萨伊定律。萨伊认为，"在以产品换钱、钱换产品的两道交换过程中，货币只在一瞬间起作用。当交易结束后，我们将发觉交易总是以一种货物交换另一种货物"。[5] 既然一种商品总是用另一种商品购买，那么，"一种货物一经产出，从那时刻起就给价值与它相等的其他产品开辟了销路"。[6] 所以供给能够自动创造需求。可是，萨伊定律指出，市场机制无须国家的任何干预，就能够实现商品的供求平衡。

基于以上的认识，萨伊认为，"政府对生产不应该再加干涉。我希望给予读者这个印象：干涉本身就是坏事，纵然有其利益"。[7] 为此，他认为政府的经济职能应限定在以下五个方面：①保护财产所有权不受侵犯和社会安宁。②制定详细周密的计划，建设和维修公共工程，特别是公路、运河、港口，以刺激私人生产能力。③创办各类学校、图书馆、博物馆，主持大型的科学研究活动和促进科学技术知识的传播。④政府要对防止明显有害于其他生产事业或公共安全的欺诈行为负起责任。⑤保护消费者利益和国家的商誉，禁止厂商乱登名不副实的广告。

穆勒对赋予政府过多职能持强烈的批判态度，他反对政府过多干预的理由有五点：①干预本身是强制性的。②政府的职能越增加，政府的权力和影响就越大，而这会妨碍政治自由。③政府职能增加会增加政府的工作和责任，这会引起政府工作效率的降低。④政府的工作效率不如私人部门高。⑤政府管理的事务越多，那么个人就总是习惯于受政府的监督和指导，这会造成人们对权力和地位的无限贪欲，结果会使人们不把聪明才智放在正经事情上，而是用来钩心斗角，争权夺利。

穆勒是从增进便利的角度来讨论政府职能的。他指出："在许多情况下，政府承担责任，行使职能，之所以受到普遍欢迎，并不是由于别的什么原因，而只是这样一个简单的原因，即它这样做有助于增进普遍的便利。"[8] 为此，穆勒认为，政府职能大致有以下几项：①保护公民的人身和财产安全；②制定规则，如交易规则、契约规则、公共资源的使用规则等；③铸造货币和规定标准度量单位；④建设公共设施；⑤主办初等教育；⑥保护儿童、青年和没有劳动能力的人；⑦对外贸易和对外投资；⑧其他需要政府介入的，如科学考察、科学研究等。

亚当·斯密、萨伊、穆勒三位经济学家的观点代表了经济自由主义的基本思想。他们认为，自由企业制度和自由市场机制能基本解决资源配置问题，政府不需要承担太多的职能，亚当·斯密所界定的三项政府职能代表了古典经济学对政府职能的基本看法。

3. 凯恩斯主义与干预型政府

1929~1933年，爆发了资本主义经济史上最严重和最深刻的经济危机。这次大危机席卷各主要资本主义国家。面对大危机造成的空前严重的灾难，人们都在反思，为什么会爆发如此严重的危机？该如何治理这场危机？理论上的反思导致了人们对经济自由主义理论的怀疑和对经济自由主义政策的动摇。时代呼唤理论的创新。正是在这样的背景下，1936年凯恩斯发表了《就业、利息和货币通论》，标志着凯恩斯主义经济学的创立。

第一，凯恩斯主义从宏观经济学角度论证了政府干预的必要性。在《就业、利息和货币通论》这部划时代的著作中，凯恩斯完全否定了供给会自动产生自己需求的萨伊定律。他认为，资本主义社会的就业量决定了有效需求的水平。所谓有效需求是指预期可以给资本家带来最大利润量的社会总需求，它由消费需求和投资需求两个部分组成；而有效需求最终是由"消费倾向"、"对资本资产未来收益的预期"和"流动偏好"这三个"基本心理因素"与货币数量决定的。消费倾向决定消费需求；对资本资产未来收益的预期决定了"资本边际效率"；流动偏好和货币数量决定利息率；而资本边际效率与利息率共同决定投资需求。由于这三个基本心理因素的作用，一方面随着收入的增加，边际消费倾向递减，消费的增加总是跟不上收入的增加，资本边际效率下降，同时由于流动偏好的作用，利息率的下降受到限制，从而吸引资本家投资的诱惑力减弱，造成投资不足，结果是社会经济在未达到充分就业之前就停止增加生产，导致大量失业。政府只有采取扩大政府支出、赤字财政和增发公债等财政政策，才可能刺激社会有效总需求的增长，实现充分就业，避免和消除经济危机。所以，凯恩斯认为，"国家必须改变租税体系，限定利率，以及用其他办法，指导消费倾向。还有，仅仅依赖银行政策对利率之影响，似乎还不足以达到最适度的投资量，故我觉得，要到达离充分就业不远之境，其唯一办法，乃是把投资这件事情，由社会来综揽"。[9]

在上述理论的基础上，凯恩斯得出的结论是：放弃自由放任原则，实行国家对经济生活的干预和调节，运用财政政策和货币政策刺激消费，增加投资，以保证社会有足够的有效需求。同时，国家对收入分配进行干预，促进收入均等化。

凯恩斯在政策主张上的革命，主要不在于提出国家干预，而在于提出了干预的手段不应当以货币政策为主，而应以财政政策为主，提出在萧条时期要改革传统的平衡财政政策，采取膨胀性的财政政策，扩大政府开支，实行赤字预算和发行公债。所以，凯恩斯主义者又被称为财政主义者。[10]

第二，福利经济学从微观经济学角度论证政府干预的必要性。如果说凯恩斯主义是从宏观经济学角度论证市场失灵和政府干预的必要性的，那么，福利经济学则是从微观经济学的角度论证市场失灵和政府干预的必要性的。

西方经济学界对市场失灵的分析和研究，先是从微观领域开始的，而第一次将市场失灵和政府干预结合起来研究的是福利经济学。

庇古作为福利经济学的奠基人，在《社会主义与资本主义的比较》和《福利经济学》等著作中明确提出，诸如资源流动需要成本、知识和信息不完备以及垄断所产生的资源自由流动障碍和外部性问题、收入分配不公等是导致市场失灵的主要原因。①垄断造成市场失灵需要政府干预。庇古认为，垄断是对市场机制的破坏，导致资源在不同部门、不同产业、不同产品间分配失当，因而必须进行政府干预。"由于种种原因，没有人会真的反对，处于垄断性极强地位的工业，特别是提供所谓公共服务的运输、自来水、煤气、电力等工业，即使交由私人经营的话，为了公共利益，也必须受公共当局的监督。"[11]②外部性导致的市场失灵也需要政府的干预。在庇古看来，外部性的存在必然造成私人资本和社会资本、私人收益和社会收益的差异，从而使资源达到最优配置的条件不能得到满足。因此，外部性必须由政府出面加以矫正，具体则是由政府对边际私人成本超过社会边际成本的经济活动予以补助，而对边际私人成本小于社会边际成本的经济活动则课以捐税。"没有一个不可见的手可以赖以由个别的部分处理以产生全体的良好安排。因此必须有一个具有广泛权力的机构，能干预并处理有关美好空气与阳光等集体问题，如同处理煤气、自来水等集体问题一样。"他提出的措施是："可以用设计恰当的补助金和征税的办法加以纠正。"[12]③国家应干预社会不平等的问题。市场机制承认人们的所有差别，并且会把所有这些差别转化为收入的差别，收入差别一旦形成，市场会把它逐步放大。由于市场只能扩大而不能抑制收入差别，政府就有义务去阻止它。庇古认为，可以通过采取征收遗产税、实行收入累进税制、对生活必需品予以价格补贴、兴办社会福利设施等方式实行政府干预，以改善市场收入的分配结果。

第三，新制度学派关于政府干预经济的理论。在新制度学派看来，自由放任政策早已不合时宜，管制、调节和计划才是当时那个时代的迫切需要。因为市场经济不可能通过自行调整而恢复和实现均衡，必须依靠政府进行干预和调节。

加尔布雷斯认为，现代资本主义是"计划系统"与"市场系统"并存的"二元系统"模式。这两个系统所拥有的权利和所处的地位是不平等的，"在这种关系中一个主要特征是极其明显的。市场系统在买进时，在价格上显然不能不服从计划系统的规定。市场系统出售其产品和劳务时，其中的一个很大部分，其价格不是由他自由控制的，实际上不得不屈服于计划系统的市场力量之下"。[13] 在加尔布雷斯看来，这样的交换必然造成收入的不均等，只有通过政府的干预和调节，才可以使两个系统的权利和收入均等化。

据此，加尔布雷斯提出自己的政策主张：一是主张政府运用财政政策协调储蓄与投资的关系，调节社会有效需求。二是为了抑制持续不断的通货膨胀，必须采取国家直接干预的办法，实行收入价格政策。三是主张政府鼓励新产品和新制作法的发展，并为它们筹措资金承担从事于这类发展时所涉及的风险。四是改善教育制度与职工培训制度，扩大人力投资。五是从公共目标管理的角度实行生产计划，对于公司计划不能完成的任务由国家承担。六是必须加强政府对农业、环境和经济平衡发展所必要的基础部门与产业投资的干预。可见，新制度学派的政府干预理论更加明确了政府干预的行为方式与行为过程，并将政府干预的领域由宏观扩展到了中观的产业部门和微观的企业组织。[14]

第四，瑞典学派关于政府干预经济的理论。瑞典学派的主要代表人物缪尔达尔等一方面主张资本主义自动调节机制不能恢复被破坏了的经济均衡，强调反周期措施的重要作用；另一方面主张企业分权，改进竞争，反对垄断，把市场经济看作是增进效率、加强企业经营管理、防止官僚主义化的手段。在瑞典学派看来，政府干预经济与促进市场竞争，对于经济发展具有同等重要的意义。

缪尔达尔等瑞典学派的代表人物从实现充分就业、保持物价相对稳定和适度经济增长等宏观经济目标出发，提出了一系列政策主张：一是主张由政府控制基础设施的要害部门，实行市场经济与政府干预相结合的宏观政策。二是明确信贷货币政策在反危机措施中的中心地位，主张依靠中央银行调节市场利率，使总投资与总储蓄相等及宏观经济的稳定增长和充分就业。三是有效运用指数化政策，使收入、信贷、税收等一律与价格指数相适应，以消除通货膨胀对经济发展、收入分配和资源配置的影响。四是发展教育事业，加强劳动力的再培训，合理利用人力资源，以实现充分就业。五是改革高福利制度，适当降低税率。瑞典学派的政策主张，体现了市场经济与政府干预相协调、财政政策与货币政策相配套调节整个社会经济发展的思想。

第五，发展经济学关于政府干预经济的思想。发展经济学基于结构主义分析方法指出，发展中国家为了谋求经济发展，必须推行全面的经济规划和广泛的政府干预，市场机制在这方面是无能为力的。他们的主要观点是：一是市场经济在解决经济发展问题上有功能缺陷。一方面，即使是完善的市场，也不具有解决经济发展问题的功能。原因是经济发展问题必须注重社会而非个人、注重未来而非现在、注重大的变化而非小的改良，因而市场难以有效地发挥作用；另一方面，发展中国家的市场是不完善的，不完善的市场更难以解决经济发展的问题。由于市场不完善，价格信号既不灵敏、准确，又不统一、完整，难以正确指导资源的配置，因而主张用政府机构去代替不完善的市场。二是发展中国家应该进行急剧的经济结构变革，但市场机制适应不了急剧结构变革的需要。因为它的作用机理是增量调节或边际微调，它只能以均衡的方式把资源从其他行业逐渐转移到正在成长的产业。而急剧结构改造需要在短时间内动员大量资本，而这需要政府的干预。三是发展中国家的人民缺乏理性，难以充当市场经济的主体。他们对市场价格、经济刺激、经济机会反应迟钝，而市场资源配置的作用是建立在市场主体的灵敏反应和理性行为基础上的，发展中国家没有这样的市场主体，也就不能用市场机制来谋求经济发展。

4. 新自由主义与反政府干预

20世纪60年代中期以后，资本主义世界出现了大量失业与剧烈的通货膨胀并存的"滞胀"，这标志着凯恩斯主义的失灵。在这样的背景下，产生于20世纪30年代的新自由主义经济学得到很大的发展，相继出现了货币学派、供给学派和理性预期学派等。

第一，货币主义学派的反政府干预学说。以米希顿·弗里德曼为代表的货币主义学派，是20世纪五六十年代在美国兴起的一个经济学派，因强调发挥货币政策对经济调控作用和以医治通货膨胀作为其政策目标而得名。

货币主义学派认为，经济政策的滞后性质，使得经济政策不仅失效而且可能加重经济运行的波动。他们认为，从发现经济运行中存在的问题，到最终针对问题而执行的政策全部产生效果之间存在一系列的时滞。一是认识时滞，就是指从问题产生到被政府考虑的这一段时间。二是决策时滞，就是指政府考虑某一问题到政府最后有解决方案这一段时间。三是执行时滞，就是指政府将决策付诸实施这一段时间。由于存在时滞问题，就会导致政策发挥作用的效果与政策原来的本意可能恰好相反。

货币主义学派认为，政府规模的庞大化与通货膨胀之间存在一定的因果关系。由于政府的庞大化，政府的支出必然会增加，而支出的增加不能仅依靠增加税收，还得依靠发行新的货币以弥补财政赤字，其结果自然是货币供应量的增加和通货膨胀。

基于以上认识，货币主义学派提出了一系列的政策主张。一是主张以货币政策为主体调控经济，强调财政政策必须通过货币政策方能发挥作用，认为财政政策的可行性值得怀疑。二是反对以利率作为货币政策的主要指标，主张以货币量的增长率作为货币政策的主要指标。三是反对凯恩斯主义相机抉择的货币政策，主张货币增长与经济增长在速度上保持一致，并保持货币增长的稳定。

为此，米希顿·弗里德曼把政府的职能限定在以下范围：判定、解释并强制执行"竞赛规则"；提供货币机构；对抗技术垄断，促进竞争；从事生产公共事业；补充私人慈善事业和私人家庭对特殊人群的照顾。

第二，供给学派的反政府干预学说。供给学派是20世纪70年代中期在美国兴起的新自由主义的一个流派。这个学派主张从供给方面去谋求经济均衡发展，反对凯恩斯主义的国家干预。他们认为，凯恩斯主义过分强调需求，造成需求过度膨胀，供给过度衰退，才是导致美国经济"滞胀"的根本原因。因此，他主张把注意力集中在供给方面，指出资本积累、技术进步和生产率增长的重要性。

供给学派认为，"萨伊定律"是完全正确的，应当"回到萨伊那里去"。"从整个经济来看，购买力和生产力总是平衡的。在经济中总有足够的财富来购买它的产品，不会因为总需求不足而使商品供应过剩。生产者在整个生产过程中创造出对他的产品的需求。"[15] 他们认为，因为供给可以自行创造需求，所以只要国家不干预私人经济活动，让市场机制发挥作用，产品就不会过剩，失业就不会存在。而通货膨胀是由投资大于储蓄造成的，只要制定一系列供给管理政策来刺激储蓄，储蓄自动转化为投资，投资增加就能提高劳动生产率和增加产量，从而促进经济的增长。

供给学派认为，当时美国经济的最主要问题是供给不足，而储蓄不足和投资不足是供给不足的主要原因，减税则能促进储蓄与投资的增长。因此，他们提出要将减税作为一项长期的政策手段来代替凯恩斯学派利用税收作为相机抉择的手段，通过不断减税来激励经济主体，从而推动经济长期增长。

他们的主要政策主张有：一是减少政府对经济生活的干预，特别是要改变国家干预的方向和内容，主张应更多地通过减税实行供给管理。二是缩小政府开支，大规模削减福利开支，提高私人的投资能力。三是大幅度和持续地削减个人所得税和企业税，以刺激人们的工作积极性，以及增强储蓄和投资的引诱力；采取相对紧缩的货币政策，使货币供应量的增长与长期经济增长潜力相适应，从而恢复某种形式的金本位制。

第三，理性预期学派的政府干预无效论学说。理性预期学派是20世纪70年代从货币主义学派中分离出来的一个独立学派。所谓理性预期，就是按照经济人假定，任何行为人的经济行为都合乎理性，这反映在预期上，就是经济当事人为了追求最大利益，必然总是利用一切可获得的信息对所关心的经济变量在未来的变动状况做出尽可能准确的预测。

理性预期学派认为，人们会利用一切信息来改正他们对事物的错误认识，因此，他们虽然偶尔会犯认识上的错误，但是，却不会长期的、系统的和持续的如此。既然宏观经济政策的有效性取决于它能否使人们在认识上犯错误，即造成预期和实际通货膨胀之间的差距，那么，由于人们不会系统地和持续地犯认识上的错误，宏观经济政策是无效的。因此，政府对经济的干预不仅是无效的，而且还容易弄巧成拙。

他们认为，任何政府干预经济的政策和措施都是徒劳无益的。要使经济保持稳定，唯一的办法是顺其自然，他们坚决反对相机抉择的财政政策和货币政策，主张一切由市场经济自发调节。由此可以看出，理性预期学派比货币学派走得更远，它全盘否定了宏观经济政策的有效性，否定了政府对市场的干预行为。

5. 新凯恩斯主义的政府干预理论

20世纪80年代末和90年代初，西方国家的经济普遍衰退与新自由主义反政府干预理论和政府干预无效论的失误，为凯恩斯主义从理论上和政策上走出危机创造了有利条件。

乔治·阿克洛尔、格雷戈里·曼丘等力求重建凯恩斯主义的微观经济学，从微观经济角度发扬和光大凯恩斯主义的需求管理理论及有效解决市场失效问题。他们认为，资本主义市场经济制度的自发作用难以实现充分就业均衡，政府的经济政策仍是有效的。虽然经济行为主体都是理性的经济人，都有理性预期，都按市场规则进行投资活动和生产经营，但由于市场上出现供求不平衡之后，工资和价格不能迅速反应，并自觉调整使市场供求平衡。工资和价格之所以不能迅速作出反应，是因为在现实的不完全竞争的市场上，工资和价格具有刚性的特征。但由于市场失灵，就必须由政府采取相应的政策措施对厂商行为进行合理有效干预。

斯蒂格利茨等经济学家运用宏观分析方法，从市场失灵的八大根源分析入手，论证了政府干预的必要性。他们认为，市场经济的有效性只有在极其严格的假设下才能成立，市场失灵是市场经济中的常态。竞争的缺点、公共性、外部性、不完善的市场、信息不完全、失业、通货膨胀及失衡、再分配和有效品是造成市场失灵的主要因素，前六个因素描述了市场达不到帕累托最优的一些情况，后两个因素描述了当经济达到帕累托最优时政府仍有干预经济的理由。

斯蒂格利茨认为，对于市场失灵，政府可以运用公营生产、运用税收或补贴鼓励（限制）私营生产、政府实行一些规定以使私人公司按需要的方式生产等多种形式进行干预。若政府决定承担生产任务，它还必须决定产品如何分配，同时政府必须制定合适的管制标准。政府支出既要考虑即时效果，又必须考虑当所有生产者和消费者都调整了行为后的长期效果。政府支出项目除了要兼顾经济效率和收入分配外，还要体现公平，并强调平等和效率的转换问题。在斯蒂格利茨看来，政府对于市场而言具有不可替代的作用，问题的关键是政府应该如何在经济发展中有效地发挥作用，真正地把"看得见的手"的优势发挥出来。[16]

从以上分析可以看出，政府的作用是一个历史演进的过程，政府在经济生活中的作用也是一个历史演进的过程，而这一过程是随着经济环境的变化而不断变化的，但总的趋势是政府在经济生活中发挥着越来越重要的作用。西方经济学关于政府干预经济的理论以及在西方各国中的实践对我国也有重要的借鉴意义。

二、政府经济作用的理论阐释

为什么在经济发展中需要发挥政府的作用？前文从历史的角度进行了考察，本部分我们将从理论上进行分析。即成熟的市场经济需要政府的作用。

从以上分析中我们看到，市场经济的发展过程同时也是政府作用加强的过程，尽管这期间也有过"市场多一点"还是"政府多一点"的争论和反复，但政府在市场经济中的作用越来越大是不争的事实。这是因为，尽管市场在资源配置中起基础的作用，但正如一枚硬币有两面一样，市场经济模式有着与生俱来的缺陷，也就是说，市场也不是万能的，市场也会失灵。市场失灵主要表现在以下几个方面：

第一，垄断问题。市场经济是一种竞争性经济，如果政府不加干预，市场经济自然发展就会走向自己的对立面——垄断。列宁在分析垄断资本主义时，对垄断的形成做了精辟的分析。他认为，自由竞争必然引起生产集中；自由竞争所引起竞争的外在压力和追求利润的内在动力迫使企业越做越大，形成生产的集中状态；生产集中到一定程度就会形成垄断。垄断是一种反市场竞争的力量，垄断的出现使市场的正常运行受到抑制，妨碍资源的有效配置，降低经济效率。

第二，外部性问题。所谓外部性，就是指企业或个人的行为可能对其他企业或其他个人所产生的影响。这种影响可能有利，也可能有弊。前者称为正外部效应，后者称为负外部效应。在市场经济中，若无外部效应出现，则市场机制可以自动引导资源实现帕累托最优配置；若存在外部效应，则由于私人边际成本与社会边际成本的不一致造成损失，比如污染等，则只能由国家出面，通过政府行使界定产权，收取税额或给予补贴等经济手段来使外部效应内部化，从而解决这一问题。

第三，公共物品问题。所谓公共物品，是指所有社会成员都可享受、不适用排他性原则的物品。有很多公共物品，比如国防、道路、桥梁等，投资巨大，投资回收期相当长，投资盈利率非常低，私人企业无力或不愿意承担生产，而这些产品对于一国范围内全体居民的正常生活、生产意义又很巨大，这些产品就必须由政府来提供生产。政府提供公共物品的目的是使国家整体的社会福利最大化。

第四,信息不对称问题。所谓信息不对称,是指获得相关信息的差别,或者指在市场上买方与卖方掌握的信息不相同。不对称信息按内容可以分为两类。第一类是双方知识的不对称,指一方不知道另一方能力、身体健康情况等信息,这是外生的、先定的,不是双方当事人行为造成的。第二类不对称信息是指在签订合同时双方拥有的信息是对称的,但签订合同后,一方对另一方的行为无法管理、约束,这是内生的,取决于另一方的行为。

第五,收入分配不公平问题。单纯依靠市场机制的自发作用不可能完全实现公正的收入分配。原因有四个:一是在存在垄断的条件下,价格会严重背离价值,使部分人获得不合理的收入。二是在市场机制自发调节作用下,生产要素供求状况的不平衡必然形成分配的不合理差距。三是由于人们的资源禀赋不同,收入水平就会有差距。四是在市场纯经济效益作用下,各经济利益主体追求各自利益的最大化,会使收入差距不断扩大,以致出现富者愈富、贫者愈贫的"马太效应"。

总之,纯粹的市场经济由于本身所存在的诸如垄断等方面的缺陷,容易造成诸多资源配置效率的损失和分配的不公,这就需要政府进行干预。可见,政府干预经济是现代市场经济的重要特点。

三、政府经济作用的实践需求

如何有效地发挥政府的经济作用推动经济发展既是一个重大的经济理论问题,又是我国当前面临的一个重大的实践问题。我国的一些经济学家受新古典主义理论的影响,过分强调政府失灵问题。认为如果政府不管经济,竞争的市场会产生理想的结果。笔者认为,中国在社会转型过程中,面临着改革和发展的双重任务,在这种情况下更应该加强政府主导经济的力度,这既是一些发达国家和新型工业化国家和地区的基本经验,又是中国在社会转型时期的实践需求。

(一)在经济起飞时期加大政府干预经济的力度是一些发达国家和新型工业化国家和地区经济成功的基本做法

我们在认识上有一些误区,认为世界上发达资本主义国家之所以创造了经济奇迹是自由市场经济的结果。但实际情况并不是这样。英国曾经是世界上最发达的资本主义国家,它是如何走上经济腾飞之路的,从英国资本主义原始积累的历史可以看得很清楚。资本主义原始积累的历史充分表明,如果没有国家对经济生活的干预,就不会有"圈地运动",英国工场手工业的发展是难以想象的。就是在今天,英国政府对经济的干预渗透到经济生活的方方面面。表现在:政府通过控制财政预算和货币参与资本的管理;通过立法控制自然资源管理;提供医疗卫生、社会保障、教育科研等各种服务。

作为世界第一经济强国的美国,在其经济腾飞初期也深深地烙上了国家干预经济的烙印。19世纪,美国政府为铁路和农民制定指标,赐予土地,在保护国内市场方面起了很大的作用,让企业提高利用生产资源的能力以便在国际竞争中取得优势。现在,美国政府的职能几乎扩大到社会和经济的所有领域。美国经济学家斯蒂格利茨将美国政府的职能具体划分为六项:立法职能、生产职能、宏观调控职能、社会保障职能、消费职能、税收和社会再分配职能。

日本政府在保护国内市场上起的作用更大。政府把在主要工业领域的竞争者限制在很小范围内,激励企业使它们获得创造竞争优势所必需的高昂的固定资本。日本政府还竭力帮助生产者和商人树立新的观念,引导他们获得迄今为止不可预见的可能性。它还促进主要竞争者之间的合作研究与发展。它还保证制造厂商获得廉价的金融支持。日本政府还为工业提供受到良好教育的劳动力以充实工人、技术员和管理职位。如果没有这种看来不平等的行动,日本从一个落后的国家发展成一个在国际上有相当分量的竞争者可能需要更长的时间。[17]

强有力的政府主导还造就了20世纪70年代末80年代初东亚新型工业化国家和地区的经济奇迹。东亚经济起飞之初,市场体系很不健全,资金短缺,技术落后,东亚国家和地区注重发挥政府对经济的主导作用,以政府的力量组织经济,推动了经济增长。东亚国家和地区依靠政府决定产业结构,确定重点发展的产业领域,并通过复杂的进口控制,提供优惠贷款和出口补贴来提高产品的竞争力,占领国际市场。东亚奇迹的产生有多方面的原因,但政府主导是其中最重要的原因。

英国、美国、日本和东亚新兴工业化国家和地区的经验表明,一般而言,在工业化初期,或者说在资本力量还比较薄弱的时候,政府在经济生活中能发挥非常重要的作用，这一点对于像中国这样正处于经济起飞期的发展中国家有重要的启示意义。

（二）处于社会经济转型中的中国，更需要强有力的政府干预

中国正处在社会经济的转型过程，面临的问题纷繁复杂，一方面要积极组织和推动经济等各方面的改革，另一方面还要消除发展中的障碍，加快经济发展的步伐，因此，政府要比市场经济成熟的国家发挥更大的作用。

首先，要充分发挥政府的宏观调控作用。政府作为公共权力的代表，具有保证宏观经济协调平衡发展的职责。具体地讲，一是要保持宏观经济的稳定，以避免市场的过度波动。市场经济的一个重要特点是经济周期性波动，而这一波动对经济具有破坏性。处于社会经济转型时期的中国经济，计划经济的预算软约束、投资冲动等通货膨胀的因素依然存在，客观上存在经济波动的可能性，这样政府就有必要通过反周期政策缩小波动的振幅，降低波动对经济的破坏程度。二是实施地区差别经济政策，推动区域经济均衡发展。在改革开放初期，我国采取梯度推移的地区发展战略，使一部分地区先富起来，结果珠三角、长三角、环渤海等沿海地区率先发展起来，这是完全正确的。但同时也出现了沿海地区和中西部地区发展逐渐拉大的情况，这就需要政府实施向低发展水平地区倾斜的政策，推动区域经济的协调发展。三是制定中长期发展规划。发展战略不同于发展计划，其特征是全面性和长期性。发展战略作为市场经济的补充，能够为经济发展规定大致方向，它是许多国家政府，尤其是发展中国家政府参与经济生活的一种方式，能够保证促进国民经济与社会协调发展。四是调节收入分配，建立和健全社会保障体系，化解经济发展引起的各种社会矛盾。政府要通过建立、完善社会保障体系，包括养老、医疗、失业救济、最低生活保障等，以缩小贫富差距，化解社会矛盾。

其次，要充分发挥政府在维护市场规则方面的作用。政府不仅要发挥宏观调控作用，还要建立和维护市场规则，加强制度建设对于一个经济社会转型国家至关重要。要建立和健全支持市场经济有效运行的基本制度框架，包括对市场经济主体的合法财产权利的有效保护制度和规范市场竞争秩序的制度。把这些规则以法律或法规的形式固定下来，并对这些规则的执行进行监督是政府的责任。对于市场主体来说，要建立和维护以产权为本的制度性市场规则。国家保护产权对发展经济意义重大，产权界定得越清楚，市场运行就越有秩序。界定产权是通过国家的立法活动来进行的，而维护和保护产权主要是通过国家的司法和行政部门来进行。对于市场环境而言，就是要建立和维护以竞争为本的运行性市场规则。建立竞争制度也就是设定博弈规则，维护竞争秩序，提高竞争质量，充分发挥竞争的作用。

最后，要充分发挥政府在社会服务方面的作用。一是加大基础设施的投入。铁路、公路、港口等基础设施具有"公共物品"或"准公共物品"的特征，市场机制在这些方面难以有效地配置资源，在这种情况下，政府应承担起责任，以消除市场失灵带来的难以配置资源的问题。二是维护生态环境，实现社会经济的可持续发展。市场本身缺乏一种内在的激励机制和约束机制来规范、约束企业在逐利的过程中保持生态环境。所以，政府应承担起保护生态环境的责任，一方面，通过法律约束企业的行为；另一方面，通过直接投资来治理环境污染问题。三是加大人力资本的投资，促进教育事业的发展，在知识经济的时代，经济的竞争最终还是人才的竞争，而教育是培养人才的主要途径，而教育又具有"公共物品"或"准公共物品"的属性，具有正外部性，靠私人部门的投资是不行的，因而，政府必须加大对教育的投入力度。

总之，在现代市场经济条件下，政府在经济生活中的作用越来越大，因此，要推动中国经济健康、快速发展，必须充分发挥政府的主导作用，找到政府干预与市场调节的契合点，规范政府的经济行为，明确政府的经济职能。

第二节 马克思主义经济发展理论

在区域经济如何发展问题上，马克思主义为我们提供了理论指导。马克思主义经济发展理论是马克思主义经济理论体系的重要组成部分，主要是马克思、恩格斯、列宁、毛泽东、邓小平等马克思主义经典作家关于发展中国家与发达国家之间、一个国家内部发达与不发达区域之间生产力布局不平衡及其不发达区域如何发展的问题。马克思主义经典作家有关经济发展理论主要有以下观点：

（1）马克思主义经典作家特别强调协作在区域发展中的重要性。他们认为，由于生产力水平不断提高，各国对外开放程度不断扩大，国与国之间的区域经济发展必然要加强协作，协调在区域经济发展中发挥越来越重要的作用。马克思和恩格斯指出，"新的工业的建立已经成为一切文明民族的生命攸关的问题；这些工业所加工的，已经不是本地的原料，而是来自极其遥远的地区的原料；它们的产品不仅供应本国消费，而且同时供应世界各地消费。旧的、靠国内产品来满足的需要，被新的、靠极其遥远的国家和地带的产品能满足的需要所代替了。过去的那种地方的民族的自给自足和闭关自守状态，被各民族的各方面的互相往来的和各方面的互相依赖所代替了"。[18]

（2）马克思主义经典作家特别重视技术进步在区域经济发展中的作用。科学技术等非制度因素不仅可以突破自然资源分布对区域生产力布局的制约，而且可以冲破不合理生产方式对区域生产力布局的束缚。正如恩格斯指出："为了技术上的目的，把或多或少地到处都可以制造出来的分子运动转变为质量运动，这样大工业在很大程度上使工业生产摆脱地方的局限性。水力是受地方局限性的，蒸汽力却是自由的。如果说水力必然带有乡村的性质，那么蒸汽力绝不是必然地带有城市的性质。只有它的资本主义的应用才使它主要集中于城市，并把工厂生产转变成工厂城市。"[19]

（3）马克思主义经典作家认为，利润率水平是调节资本在区域间合理流动的主要因素。正如马克思指出，"投在对外贸易上的资本能提供较高的利润率，首先因为这里是和生产条件较为不利的其他国家所生产的商品进行竞争，所以，比较发达的国家以高于商品的价值出售自己的商品，虽然比他的竞争国买得便宜，只要比较发达的国家的劳动在这里作为比较高的劳动来实现，利润率就会提高"。[20] 恩格斯也提出，"在新的地区主要由国家建立的殖民地越多，商会贸易就越会让位于单个商人的贸易，从而利率的平均化就会越来越成为只是竞争的事情"。[21]

（4）马克思主义经典作家认为，有计划、按比例的分布规律是社会主义制度下区域发展布局的基本规律。恩格斯认为,"只有按照统一的总计划协调地安排自己的生产力的那种社会,才能允许工业按照最适合于它自己的发展和其他生产要素的保持和发展的原则分布于全国"。[22] 列宁认为,"必须合理配置工业生产力,使工业企业接近原料产地,尽量减少在整个生产过程中各阶段的劳动消耗"。[23]

毛泽东在《论十大关系》中指出,"我国的工业过去集中在沿海。这是历史上形成的一种不合理的状况。沿海的工业基地必须充分利用,但是,为了平衡工业发展的布局,内地工业必须大力发展"。[24] 邓小平也认为,"发达地区要继续发展,并通过多交利税和技术转让等方式大力支持不发达地区。不发达地区又大都是拥有丰富资源的地区,发展潜力是很大的。就全国范围来说我们一定能够逐步顺利解决沿海同内地贫富差距的问题"。[25]

(5) 马克思主义经典作家提出,发达国家与发展中国家之间、一国中发达地区与欠发达地区之间通过不平衡发展最终实现共同发展的思想。邓小平说:"现在世界上北方发达、富裕,南方不发达、贫困,而且相对来说,富的越来越富,穷的越来越穷。南方要改变贫困和落后,北方也需要南方发展。南方不发达,北方还有什么市场?资本主义发达国家遇到的最大问题是发展速度问题,再发展问题。所以,南南合作还有一个意义,可以推动南北合作。"[26] "我们坚持走社会主义道路,根本目标是实现共同富裕,然而平均发展是不可能的。过去搞平均主义,吃'大锅饭',实际上是共同落后,共同贫困,我们就是吃这个亏。"[27] "一部分地区发展快一些,带动大部分地区,这是加快发展,达到共同富裕的捷径。"[28] "共同富裕的构想是这样提出的:一部分地区有条件地先发展起来,一部分地区发展慢点,先发展起来的地区带动后发展的地区,最终达到共同富裕。"[29]

通过以上分析可以看出,马克思主义区域发展理论有以下鲜明特点:一是强调制度因素对区域经济发展的影响。马克思主义经典作家认为,国与国之间、发达区域与欠发达区域之间的不均衡增长是资本主义制度下生产分布的基本规律,而有计划、按比例实现区域经济发展的均衡则是社会主义制度下生产分布的基本规律,区域间经济发展由不均衡到均衡是一个历史发展变化的过程,是由不同的社会制度本质所决定的。二是强调不同国家或地区在选择其区域经济发展模式时，应充分考虑本国与本地区制度、资源、技术等实际，因地制宜、因时制宜加以选择，以提高资源配置效率，实现发达国家与欠发达国家之间、发达地区与欠发达地区之间经济的共同繁荣。三是强调经济增长与资源合理配置是互为因果、互相促进的，为此，要通过提高欠发达国家或地区的生产力发展水平，科学合理地配置资源，实现国与国之间及区域间的共同繁荣与发展。这些观点对于我们研究政府在经济发展中的作用很有启发。这些基本原则都应该成为中国地方政府在推进区域经济发展中应遵循的行为准则。

第三节　西方区域经济发展理论

西方经济学界不仅对要不要政府干预经济的讨论有过分歧，对政府如何干预经济也是仁者见仁，智者见智。本节我们将介绍古典产业布局理论、传统区域发展理论、现代区域发展理论的主要观点，并简要分析这些理论对地方政府经济行为的影响。

一、古典产业布局理论

亚当·斯密1776年发表了闻名于世的经济学著作《国民财富的性质和原因的研究》，提出了实行反对国家干预经济的自由主义经济政策主张，并最早系统地提出了旨在借助国际分工与贸易理论实现英国资本主义经济繁荣和发展的比较优势理论。亚当·斯密认为，社会进步和经济发展是通过国民财富的增长来衡量的，而国民财富的增长最先取决于分工，但分工又是由交换引发的。亚当·斯密把分工理论应用于地域分工，提出绝对优势理论。他认为，各个国家（区域）都有生产条件上的某种绝对优势，如果他们利用各自的优势进行专业化生产，通过贸易进行交换，会使各地的资源、劳动力和资本等生产要素得到最有效的利用。因此，在国际贸易中，如果各国都能按照国际分工要求，投资从事本国具有绝对优势的商品并实行专业化生产，然后彼此进行交换，则必将使各国的自然资源、劳动力和资本的效能得到充分的发挥。但这一理论的缺陷在于，无法回答各种商品生产条件都落后的国家和地区如何参与地域分工的问题。

大卫·李嘉图在批判继承亚当·斯密绝对成本理论的基础上，发展了比较优势理论，提出了比较成本理论。大卫·李嘉图认为，决定分工的基础是比较优势而非绝对优势。各个地区利用其相对有利的生产条件和出口相对有优势的产品，进口相对优势差的产品，从而使资源得到最有效的利用，使贸易双方获得较大的利益。在整个世界经济发展的过程中，比较优势必然在国与国之间共同分享，任何一个国家都只能在部分领域拥有比较成本优势，因此，大卫·李嘉图主张各国依照国际分工和比较成本原则，充分发挥本国的相对优势，通过实行自由贸易使国与国之间资源配置合理化。大卫·李嘉图的理论比亚当·斯密的学说更为完善，能更好地解释地域分工和国际贸易问题。

瑞典经济学家奥林补充发展了亚当·斯密和大卫·李嘉图的地域分工理论，提出了要素禀赋理论。他认为，每个国家（区域）的生产要素禀赋不同，若不考虑需求因素的影响，利用相对丰裕的生产要素进行生产就处于有利地位，因此，各地应利用其相对丰裕的生产要素进行生产，形成合理的分工、贸易体系。地域分工与贸易产生的直接原因是生产要素供给的不同，决定了生产要素的价格差异，进而决定生产成本的差异，最终决定商品价格的差异，地域分工和贸易的重要结果是使各地的生产要素得以更充分、有效的利用，并在一定程度上改变了生产要素在地域之间缺乏自由流动的状态，起到了在各个地域重新分配的作用，不仅使商品价格均等化，而且还在某种程度上促使生产要素价格也趋于均等化。

从以上分析可以看出，比较优势理论作为古典产业布局理论，主要是强调各国或各区域在经济发展中要注意发挥自己的长处和优势。以比较优势为核心的古典产业布局理论，对于规范中国地方政府的经济行为具有重要意义。一是因不同区域的不同要素禀赋与比较优势差异而产生的区域分工制度，是经济发展的必然结果。这就要求地方政府在推动经济发展时，必须遵循区域分工制度，以发挥区域内要素禀赋与比较优势为出发点，扬长避短发展经济。二是从本区域的自然禀赋、比较优势出发来发展经济，有利于合理配置本区域的资源，把区域内的资源优势转化为经济优势。三是要注意克服各区域产业趋同的情况,因为这样不利于发挥各区域的比较优势,会造成全国性产业雷同和生产能力的过剩,不利于各个区域的发展。

二、传统区域发展理论

区位论最早出现在 19 世纪 20 年代。所谓"区位"就是企业或厂商从事生产经营活动的地理位置。区位论所讨论的是企业基于什么原则和因素来确定最优区位的问题,主要研究单个厂商、单个生产者如何选择最佳的生产经营区位,以追求最低成本和最高的经济效益。显然,区位论是属于微观经济学的范畴。20 世纪 20 年代至 40 年代,西方资本主义国家进入垄断时代,研究者将区位理论同宏观经济分析结合起来,探讨如何安排生产布局才能获得最大利益的问题,西方区位论由微观经济分析向宏观经济分析演进。区位理论的这种变化标志着区域经济发展理论的真正形成。

(一)杜能的农业区位论

德国经济学家杜能在其著名著作《孤立国同农业和国民经济的关系》中明确提出了旨在实现区域内农林牧业合理投资布局的农业区位理论。

杜能假设在广阔平原的中央有一座巨大的城市,它与世隔绝,他把这座城市称为"孤立国"。杜能依据离城市的远近程度和农作物的运量大小将"孤立国"划分为自由农作圈、林业圈、轮作农业圈、轮作休闲圈、三层农业圈、畜牧圈六个"圈层",并对各个"圈层"的田间耕作制度进行分析,因地制宜地实行"圈层"专业分工,有效提高土地资源的利用效率。杜能认为,由于"孤立国"是一个围绕中心城市且与世隔绝的匀质平原,所有土地之间的地租差别不体现在自然条件的差异上。因此,农业生产利润(地租)取决于农业生产成本、农产品的价格和农产品从产地到消费地的运费。

(二)韦伯的工业区位论

德国经济学家韦伯运用杜能创造的孤立化研究方法,出版了《工业区位论——论工业区位》和《工业区位论——区位的一般及资本主义的理论》两本著作,创立了工业区位论。

韦伯提出，工业区位的优势在于节约费用，降低成本，因此，选择工业区位要以降低成本为目标。而影响工业区位的产品成本因素有运费、劳动费和聚集程度，其中的运费最为重要。而运费因素则受到原料指向、动力指向和市场指向的牵引，将这三个指向的各点连接形成一个"区位三角形"，并可用几何方法求证工业布局的最佳区位，即使得工业产品在生产与分配过程中所需运费最省、成本最低的地方。

（三）费特尔的贸易区位论

美国经济学家弗兰克·费特尔在借鉴和发展西方区位理论的基础上，从生产成本和运输成本对商业贸易的影响角度出发，研究和论证了市场区域的形成过程及商业贸易市场布局的区位选择，发表了《市场区域的经济规律》一文，提出了贸易区位论。

弗兰克·费特尔认为，贸易区的扩散效应大小取决于贸易区市场范围的边界，而贸易区市场范围的边界则是由贸易区经营商品的单位生产成本和单位运输成本组成的总成本决定的；贸易区经营商品的总成本越小，则贸易区的区域优势越明显，贸易区的扩散效应相应越大，商业贸易所能渗透的经济区域也就越广。

（四）克里斯特勒的中心地理论

德国地理学家克里斯特勒在其出版的《德国南部中心地原理》一书中提出了中心地理论。克里斯特勒通过对德国南部乡村聚集的市场中心和服务范围的实证研究，设计了几种由大中小多极城市和相应的不同规模的多层六边形市场区组成的市场网络系统，然后把各种商品按其界值划分成相应等级，分别纳入各级城市与市场区的经营范围形成的三角形聚落分布中，各级城市分别在相应的市场区中起着商品聚散与加工中心的作用，因此，被统称为中心地。这种将城市布局与生产布局有机结合起来并充分发挥城市对市场聚散中心作用的理论，称为中心地理论。

（五）勒施的区位系统平衡理论

德国经济学家奥古斯特·勒施以克里斯特勒的中心地理论为基础，出版了《经济空间秩序：经济财贸和地理间的关系》一书，明确提出了区位系统平衡理论。奥古斯特·勒施认为，近代工业区位是按产品需求量大小而逐步形成的，产品需求又受制于价格、需求强度、市场半径及单位距离和单位产品的运输成本；在现实生活中，市场层的等级与分布范围不能像理论研究那样规格化，而必须根据具体情况进行具体分析，且要综合考虑主要交通干线、人口密集程度及购买力水平的影响，要尽可能使供给者的利润和消费者的所得最大化；就一个城市中心而言，生产区位及市场区位非常多，区位与区位之间是相互影响的，因此，在选择城市中心及市场区位时应以最大利润原则为标准。勒施的区位系统平衡理论，突破了孤立的研究方法，建立了系统的理论体系，丰富了西方的区位理论。

通过以上分析我们认识到，区域经济发展与区位条件紧密相关，处于不同的区域，因资源禀赋不同，区位条件不同，经济发展水平必然也不同，因而如何发挥区域优势就是地方政府要认真考虑和解决的问题。因此，处于不同区域的地方政府应从实际出发，因地制宜，制定科学、合理的区域发展战略。当前，特别要创新区域发展的机制，建立相应的制度，出台相应的政策，推动区域经济的发展。

三、现代区域发展理论

自 20 世纪 40 年代以来，一批西方经济学家以发达国家和发展中国家或一国内发达区域和欠发达区域的经济发展差异为研究对象，形成了丰富的现代区域发展理论。

（一）结构主义经济发展理论

现代区域发展理论是 20 世纪 40 年代中期诞生的。20 世纪 40 年代末至 60 年代中期是以结构主义为主流的阶段。诞生于 20 世纪 40 年代的结构主义经济发展理论，深受凯恩斯主义的影响，普遍怀疑市场机制的作用，深信政府的计划和调控能弥补"市场失灵"。结构主义从其基本观点出发，提出了一系列理论观点和政策。下面，我们结合结构主义主要经济学家的观点进行分析。

1. 罗森斯坦·罗丹的大推进理论

罗森斯坦·罗丹在《东欧和东南欧国家工业化的若干问题》一文中系统阐述了平衡增长理论模型，提出了后来为人们所熟知的著名的大推进理论。他认为，发展中国家以农业生产为主，劳动生产率和收入水平极其低下，因而发展经济的唯一出路就是工业化。在他看来，发展中国家为了实现工业化，必须全面地、大规模地投入资本。他主张发展中国家在工业化初期应将其全部投资的30%~40%集中用于基础设施建设，因为基础设施的完善是经济发展的前提，对其投资有着巨大的外部经济效果，可以为其他投资创造更多的机会。大推进理论的核心就是通过基础设施的优先发展和相关经济部门的协调发展，使国家迅速实现工业化。

2. 莱宾斯坦的临界最小努力理论

莱宾斯坦认为，为了打破落后经济的稳定均衡，达到持久增长，最初促进发展的刺激和努力必须达到临界的最小规模，这就是著名的临界最小努力理论。他把能够打破贫困均衡的刺激和内部势力的某一点，称为临界点。如果外部刺激和内部努力力度小于临界点，不能打破均衡；如果大于临界点，就能打破均衡。

他提出决定临界最小努力的四个必要因素：一是内部不经济。为了克服内部不经济，要求投资集中于少数几个产业，而不应广泛地分散投资。二是外在不经济。要克服由各种产业相互依赖带来的外部不经济，达到产业间的平衡增长。三是诱发性和自发性抑制因素的克服。能在经济增长启动的同时，克服增长的刺激产生的诱发性和自发性抑制收入的障碍。四是非经济层面与增长的关系。

他认为，贫困均衡能否打破，关键是外力的刺激和内部努力的大小。他认为，只有收入水平超过人口增长速度时，提高收入的力量才能大于压低收入的力量，人均收入水平才会大幅度提高。而发展中国家的现实是压低收入的力量往往大于提高收入的力量，收入增长滞后于人口增长，从而导致人均收入难以打破低水平的均衡。因而在经济发展的初始阶段，只有通过大规模的投资，才能使提高收入的力量大于压低收入的力量。

3. 纳克斯的贫困恶性循环理论

纳克斯认为，不发达国家因为穷，储蓄率低，缺少资本，而缺少资本投资，经济增长缓慢，所以穷。他把贫困恶性循环归纳为这样一个命题"一个国家因为穷所以穷"。在世界上的贫困地区，在资本形成的供求两方面都存在恶性循环关系。在供给方面，由于实际收入水平很低，储蓄能力就小；收入低是生产率低的反映，而生产率低在很大程度上是由于缺少资本，而资本短缺又是由于储蓄能力小所造成的结果，这样形成一个循环，即低生产率—低收入—低储蓄—资本短缺—低生产率。在需求方面，由于人民的购买力很小，对投资的引诱很低；购买力小是因为他们收入低,而这又是因为低效率。就是说,收入水平低、储蓄能力低、资本缺乏、生产率低四个要素构成了一个封闭的循环圈,即低生产率—低收入—低购买力—投资引诱不足—低生产率。这两种循环互相影响,使得经济状况难以好转,经济增长无法实现。

4. 缪尔达尔的循环累积因果关系理论

缪尔达尔认为,在一个动态的社会经济发展过程中,各种因素相互联系,相互影响,互为因果,呈现出一种循环累积的发展态势:一个因素发生变化会导致另一个因素发生相应变化,产生第二级变化,强化原来的因素,导致经济发展过程沿原来因素的发展方向发展,是一种累积性的循环。在欠发达国家,由于人均收入水平低,导致人民群众生活水平低下,营养不良,医疗卫生状况恶化,健康受损,教育水平低下,从而使人口质量下降,劳动力素质不高;劳动力素质不高又导致劳动生产率难以提高,生产效率低下;劳动生产效率低又引起产出增长停滞或下降,最终低产出又导致低收入,低收入进一步强化经济贫困,使发展中国家总量陷入低水平与贫困累积性循环的困境。缪尔达尔的结论是,收入水平低是导致发展中国家贫困的重要原因。他认为,收入水平低是社会、经济、政治和制度等方面综合作用的结果,但其中一个最重要的原因是资本稀缺、资本形成不足及收入分配制度上的不平等。为此,他主张通过教育等方面的改革,实现收入平等,增加穷人的消费,以提高投资引诱。同时,通过增加储蓄促进资本形成,使生产率和产出水平大幅度提高,从而使发展中国家的人均收入水平迅速提高。

5. 刘易斯的二元经济模型

刘易斯对发展经济学的突出贡献是提出了二元经济模型。他认为,不发达国家的经济由两个异质的部门构成,一个是传统的人数众多或人口过剩的、仅能够维持基本生存的农业生产部门,其显著特点是劳动的边际生产率等于零;另一个是城市中劳动生产率比较高的现代工业部门。刘易斯的二元经济模型的注意力着重放在两个方面:其一是劳动力的转移过程;其二是现代部门的产量和就业的增长。劳动力的转移和现代工业部门就业的增长都是由现代工业部门产量的增长所带来的,它的转移或扩张速度取决于现代工业部门中投资的多少和资本积累的高低。而现代产业资本的来源有三个:其一是本国资本家阶级获得的利润成为积累；其二是靠信贷的方法筹措资本；其三是靠外国资本来投资。当剩余劳动力转移完毕，二元经济就变成了一元经济，不发达国家就成为了发达国家。

通过以上介绍我们可以看出，结构主义经济发展理论是以工业化为中心，突出强调经济增长的理论。这种发展理论的优点是抓住了经济建设中心，符合发展中国家迫切摆脱贫困落后面貌的需要。罗森斯坦·罗丹、莱宾斯坦、纳克斯等提出投资在发展中国家经济发展中的重要性，并特别强调对基础设施投资的重要性。刘易斯的二元经济模型论证了工业化过程中会吸收大量农业剩余劳动力，推进城市化的进程。这些思想对中国地方政府如何在推动经济发展中发挥作用有一定的借鉴意义，有些思想已经在中国改革开放中发挥了作用。但同时我们也应该看到，结构主义经济发展理论过分高估了政府在经济发展中的决策和管理作用，低估了市场机制对经济发展的作用，并将研究的重心放在资源配置上，忽视了制度等在政府作用中的地位，具有时代的局限性。

（二）新古典主义经济发展理论

20世纪60年代以来，发展中国家的经济发展出现了一些新情况，引起了经济学家对发展中国家经济政策的反思。在这种背景下，新古典主义走上了历史舞台，代替结构主义成为了区域发展理论的主流学派。新古典主义的核心思想是充分肯定市场机制发挥基础性作用能够实现资源配置的优化。新古典主义的政策主张有三个基本观点：保护个人利益、强调私有化的重要性；反对国家干预；主张自由竞争、自由贸易、金融自由化政策。

1. 拉尔的新自由放任论

拉尔的《发展经济学的贫困》批判了结构主义和激进主义的国家干预和国家保护主义政策，阐明了新古典主义的市场理论，包括自由竞争、自由贸易理论。他主要提出了以下四个观点：一是批判了统制经济教条，重申了市场机制配置资源实现优化的理论。二是批判了内向型发展战略，重申自由贸易是发展中国家经济增长的必要条件的观点。他认为："第二次世界大战以来的整个历史中，第三世界不同区域的许多国家的证据非常有力地说明，支持自由贸易的古典假设（除了所谓出口税的贸易条件理论之外）对发展中国家和发达国家来说都是有效的，即使在自由放任的根基受到破坏时也是如此"。[30] 三是主张对利用外资的利弊进行实事求是的分析。四是批判了传统的工业化战略,重申维护自由贸易体制来推动工业化的理论,认为政府干预经济的计划是不能实现的乌托邦。拉尔主张把发展经济学建立在古典、新古典的市场经济理论基础上,提出古典主义经济发展唯一的政策主张是"理顺价格"。

2. 舒尔茨的人力资本理论

舒尔茨在《人力资本投资——一个经济的观点》中提出一个著名的观点:"经济发展主要取决于人的质量,而不是自然资源的丰瘠或资本存量的多寡"。[31] 舒尔茨认为,不包括人力资本的资本概念是不实际的,人力资本投资能有效增加劳动者的技能,就像投资于厂房和机器设备一样,可以提高劳动生产率和经济效益。

舒尔茨认为,贫穷国家经济之所以落后,其根本原因不在于物质资本的短缺,而在于人力资本的匮乏和人们对人力资本投资的过分轻视。他指出:"在发展中国家里,低估人力投资的情况更为严重,人力投资更加受到人们的忽视,这是许多此类国家领导人和代表人物所固有的思想倾向。我们的经济增长理论较多的输出已对此起到作用。而这些教条总是把物质资本的形式置于突出的地位,以为人力资源的过剩是理所当然的事。"[32]

舒尔茨认为,运用人力资本和技术的机制是市场机制,主要不是政府的行政措施。把传统农业改变成现代农业的核心问题是引入科学技术和进行人力资本投资,关键是向农民投资。农民接受投资是因为农民是精于打算的袖珍企业家。即使在传统农业,资源配置也是有效率的,所以不存在剩余劳动力。舒尔茨的研究有力地捍卫和应用了古典和新古典的市场理论。

3. 赫希曼的不平衡增长理论

赫希曼认为,发展中国家并不具备大推进所需要的资本、企业家和其他资源,平衡增长对于发展中国家是不现实的。他认为,发展是一个不平衡的连锁演变过程,在这个过程中各个因素相互影响,因而使整个经济的前进表现为非平衡状态。要使经济向前发展,发展政策的任务是保持紧缩、不成比例和不平衡。不平衡发展恰恰是发展的理想结果,因为这种结构的每一个发展过程都是由过去的不平衡引起的,并且转向新的不平衡,要求进一步发展。为此,他主张把资源投放到新产业上，这样投资可以通过联系效应而带动其他部门的投资和发展，最终使发展中国家摆脱经济贫困落后的状态。赫希曼的不平衡增长理论实质上是一种自由放任的理论，优点是肯定了市场机制的作用，是从产业结构调整的角度引入了市场机制。

4. 佩鲁的增长极理论

佩鲁认为，增长并不会同时出现在所有地方，它们从不同的强度先出现于一些增长点和增长极上，然后沿着多种渠道向外扩散，并对整个经济造成不同的最终影响。增长极的作用主要体现在三个重要效应上：一是支配效应。具有创新性的产业活动往往产生于大的经济单元中，这些产业能通过其规模等对其他经济单元产生支配影响，因而这种经济单元就成为支配性单元。二是乘数效应。各企业间存在前向、后向和旁侧联系，由于这些联系的存在，一个部门的发展能够对其他经济部门产生乘数效应。三是极化和扩散效应。推进型企业的迅速增长，将吸引其他经济活动趋向增长极，经济上的极化导致地域上的极化，从而产生聚集效应。而经济增长常常集中在某些具有创新能力的行业和主导产业部门，而这些部门和行业通常集聚在大城市，从而形成增长极或发展极，并带动其他经济部门成长。

5. 金德尔伯格、赫里克的新古典主义发展经济学

金德尔伯格、赫里克的《经济发展》是新古典主义流派的重要著作。在这部著作中，他们根据新古典主义市场理论，说明了经济发展过程是市场规模扩大的过程，市场在现代世界和经济演进中都发挥了巨大的作用。

金德尔伯格等把经济增长与经济发展相区别，指出发展不仅是经济增长，还包括社会的总体发展。他们把经济发展过程看作是一种市场规模的扩大过程。在市场的形成过程中，商业居于十分重要的地位。市场发育在为经济发展准备社会成员方面起着重要作用。他们认识到，经济发展就是产业结构的转化过程，是农业产业比重下降、制造业比重上升的过程。

金德尔伯格根据亚当·斯密的分工理论研究经济发展，认为分工是经济增长的源泉，分工依赖于市场的大小，市场的大小又取决于运输的条件。他指出，当经济处于无意识和自发过程时，市场必定是它的关键。通过综合分析，他得出了

市场是经济发展的关键的结论。

通过以上分析我们看出,新古典主义经济发展理论的核心是发挥市场机制的作用,提倡经济自由、自由贸易。这一点对发展中国家有重要意义。第二次世界大战后取得独立的社会主义国家和一些发展中国家,过分强调国家计划在经济发展中的作用,忽视市场的作用,结果形成僵化的体制,阻碍了经济的发展,中国也是如此,教训深刻。中国改革开放一定意义上就是不断深化市场在资源配置中发挥基础作用的过程。新古典主义经济发展理论把新古典主义与工业化理论结合起来,提出把政府与市场结合起来推进工业化进程的思想已被一些发展中国家的实践所证明。至于拉尔、金德尔伯格、赫里克等强调市场在经济发展中作用的思考,赫希曼、佩鲁的不平衡发展理念,舒尔茨的人力资本理论等闪光的思想也值得我们在实践中借鉴。

(三) 新古典发展经济学

20世纪80年代以来,区域发展理论进入了以新古典发展经济学为主流的阶段。新古典发展经济学的研究,把经济和制度、政治、法律、文化、道德伦理等看作一个互相影响的大系统。因而认为经济发展或者不发展并不是某个单一因素就能说明得了的,而要用若干个因素共同作用的角度才能说明。[33]

1. 诺斯的制度发展论

西方国家为什么在世界上率先发展起来?对于这个问题,西方学术界有多种解释,如因为技术变革、规范经济、教育、资本积累等。但诺斯不同意这些看法,他认为"有效率的经济组织是经济增长的关键;一个有效率的经济组织在西欧的发展正是西方兴起的原因所在"。[34] 他提出,有效率的组织能够在制度上作出安排和确立所有权以便造成一种激励,将个人的经济努力变成接近社会收益率的活动。他以1500~1700年欧洲不同国家发展的历史证明了制度与经济增长的关系。在欧洲,一些国家经济率先发展了,如英国、荷兰;一些国家经济停滞和衰退了,如法国、西班牙。他认为一些国家经济率先发展的重要原因是建立了良好的产权制度;一些国家经济停滞和衰退的主要原因是没有建立产权制度。诺思把上述结论进一步扩大为一般理论,认为一些国家的成功是所有权重建的结果,而西方世界历史上的伊比利亚半岛和当代拉丁美洲、亚洲和非洲大部分地区经济建设失败的原因是经济组织无效率的结果。

2. 托达罗的综合发展论

托达罗主张把发展中国家的经济、社会、文化看成是一个大系统进行综合研究。他认为:"发展不纯粹是一个经济现象。从最终意义上说,发展不仅仅包括人民生活的物质和经济方面,还包括其他更广泛的方面。因此,应该把发展看为包括整个经济和社会体制的重组和重整在内的多维过程。除了收入和产量的提高外,发展显然还囊括制度、社会和管理结构的基本变化以及人们的态度,在许多情况下甚至还有人们习惯和信仰的基本变化。"[35] 他突破了对发展中国家进行纯经济研究的方法,把他的研究领域拓展到了经济、社会、制度和文化等方面。

托达罗认为,发展有三个重要的价值判断标准:①维持生存,提供基础需要的能力。一切经济活动的一个基本功能就是尽可能地为多数人提供用于克服缺乏食物、住房、卫生保健和保护而引起的失望和痛苦的手段。②自我尊重。③从奴役状态下获得自由。

托达罗还提出了发展的三个目标:①增加维持生存的基本物品以及扩大这些维持生存的基本物品的分配范围。②提高生活水平,包括提供更多的工作机会,更好的教育条件,更多地注意文化和人类价值。③通过使个人和国家不仅摆脱对其他人和其他民族的屈从和依附,而且摆脱对愚昧和人类痛苦的力量的屈从和依附来扩大他们的经济和社会的选择范围。

通过以上分析我们可以看出:新古典经济学在强调经济发展的同时,特别注重社会的全面发展,这对我们很有启发。实际上,社会发展本身是一个大的生态系统,在这种生态系统中,尽管经济发展起着基础的作用,但是离开了政治、社会、文化的发展,单纯推进经济发展不仅不可能,而且还会带来许多不良的后果。诺思的制度发展论告诉我们,政府在推进经济发展时,要高度重视制度建设,通过改革,真正建立起一套适应市场经济发展的制度来,这是带有根本性的工作。托达罗的综合发展论告诉我们,政府要有全面发展的思想,把经济发展和政治发展、社会发展、文化发展统筹起来,整体推进。

本章注释

[1] 乔榛. 中国地方政府规制改革研究 [M]. 北京：经济科学出版社，2006.

[2][3] 亚当·斯密. 国富论（下卷）[M]. 西安：陕西人民出版社，2001.

[4] 亚当·斯密. 国民财富的性质和原因的研究（下卷）[M]. 北京：商务印书馆，1988.

[5][6][7] 萨伊. 政治经济学概论 [M]. 北京：商务印书馆，1982.

[8] 约翰·穆勒. 政治经济学原理及其在社会哲学上的若干应用（下）[M]. 北京：商务印书馆，1991.

[9] 凯恩斯. 就业、利息和货币通论 [M]. 北京：商务印书馆，1981.

[10] 刘靖华等. 政府创新 [M]. 北京：中国社会科学出版社，2004.

[11] 庇古. 社会主义与资本主义的比较 [M]. 北京：商务印书馆，1963.

[12] 高萍. 经济发展新阶段政府经济职能的创新 [M]. 北京：中国财政经济出版社，2004.

[13] 加尔布雷斯. 经济学与公共目标 [M]. 北京：商务印书馆，1983.

[14][16] 李国峰. 中国区域经济发展中的地方政府投资行为分析 [M]. 北京：企业管理出版社，2008.

[15] 吉尔德. 财富与贫穷 [M]. 上海：上海译文出版社，1985.

[17] 胡鞍钢，王绍光. 政府与市场 [M]. 北京：中国计划出版社，2000.

[18] 马克思，恩格斯. 马克思恩格斯选集（第1卷）[M]. 北京：人民出版社，1975.

[19][22] 马克思，恩格斯. 马克思恩格斯选集（第3卷）[M]. 北京：人民出版社，1972.

[20][21] 马克思. 资本论（第3卷）[M]. 北京：人民出版社，1975.

[23] 列宁. 列宁全集（第34卷）[M]. 北京：人民出版社，1985.

[24] 毛泽东. 毛泽东著作选集（下）[M]. 北京：人民出版社，1986.

[25][26][27][28][29] 邓小平. 邓小平文选（第3卷）[M]. 北京：人民出版社，1993.

[30] 狄帕克·拉尔. 发展经济学的贫困 [M]. 上海：上海三联书店，1992.

[31] 舒尔茨. 人力资本投资//现代国外经济学论文集（第八辑）[M]. 北京：商务印书馆，1984.

[32] 舒尔茨. 改造传统农业 [M]. 北京：商务印书馆，1998.

[33] 杨永华. 发展经济学 [M]. 北京：人民出版社，2007.

[34] 道格拉斯·诺斯. 经济史中的结构与变迁 [M]. 上海：上海三联书店，1994.

[35] 迈克尔·托达罗. 经济发展与第三世界 [M]. 北京：中国经济出版社，1992.

第三章　中国地方政府角色模式的演变

如前所述，在政府要不要干预经济这一问题上，世界经济学界已基本形成共识，存在的分歧只是"政府多一些"还是"市场多一些"、政府如何干预、干预到什么程度等。事实上，政府是分层次的，对绝大多数国家来说，都不可避免地存在着中央与地方的行政划分，地方政府对区域经济发展有着不同于中央政府的特殊作用。尤其中国是一个有着众多人口、辽阔疆域、地区发展很不平衡的多民族大国，中央与地方关系更构成了中国社会中的重大关系之一，两者关系的构建与演变，直接关系和影响到地方政府的角色及地区经济的发展。因此，本章将在明确中央与地方政府关系的基础上，进一步研究地方政府角色模式的演变及作用的发挥。

第一节　中央与地方关系的理论

在中央与地方的关系问题上，马克思主义经典作家做过明确的阐述。中国共产党五代领导集体以马克思主义为指导，把马克思主义关于中央与地方关系的原理与中国的具体实践结合起来，在领导中国社会主义建设的实践中，也形成了具有特色的处理中央与地方关系的理论。回顾这些理论对于探讨我国中央与地方关系具有一定的指导价值。

一、马克思、恩格斯对中央与地方关系的论述

在中央与地方关系问题上,马克思、恩格斯曾强调了中央集权的必要性及其含义,主要有以下三方面。

(一)关于中央集权的历史必然性

马克思认为,要彻底结束欧洲中世纪混乱的状态和局面,必须实行和加强中央集权,分权必然造成混乱。要实行中央集权就必须建立单一制共和国,没有单一制共和国就不会有统一的社会政治基础。并且,实行中央集权有其必然性:一是工商业发展必然促成中央集权的形成。二是经济关系和经济规律必然要求统一的中央政府和中央集权。三是中央集权是国家的本质。四是中央集权制有利于无产阶级的统一、联合与团结,有利于无产阶级成长、壮大和成熟。也就是说,实行中央集权还是地方分权,要紧密联系当时的客观环境,受到国家经济、政治、文化等因素的制约。

(二)关于中央集权的内涵

恩格斯指出:"集权是国家的本质,国家生命的基础。"[1] 国家集权的实质,并不意味着某个孤家寡人就是国家的中心,就像在专制君主政体下那样,而意味着有一个人位于中心,就像共和国总统那样,就是说,别忘记这里主要的不是身居中央的个人,而是中央本身。

这就是说,①马克思、恩格斯强调的中央集权是民主共和制度下的中央集权的集权制度,而不是中央高度集权制、过分集权制和个人高度集权制。②中央集权制是集中人民的意志,中央集体掌握权力的集权制。这种集权要求中央集中的权力是有限的,并不是什么权力都必须由中央来掌握。③中央集权的管辖范围和职权就应当包括一切被认为是有普遍意义的事情,而涉及这个或那个人的事情则不包括在内。

(三)关于中央集权与地方自治

马克思、恩格斯认为,中央集权与地方自治并不矛盾,而是完全统一的。中央集权是从形成一个统一的民族国家,全国要服从一个统一的中央政府角度讲。中央集权与封建的小邦林立、地方割据分立相对立。中央集权制也不是把一切权

力都集中于中央，只是把必要的权力集中到中央，而把其他权力留给地方。这样，就形成了对地方自治的客观要求。

二、列宁关于中央与地方关系的理论

列宁继承了马克思、恩格斯有关中央与地方关系的理论和思想，并且根据历史条件的变化和苏联的实际，形成了新的理论。对于在联邦制条件下，如何正确处理中央与地方的关系，列宁根据俄国的现实，提出了实行高度民主与充分集中有机统一的民主集中制。顺利地解决了在联邦制国家如何处理中央与地方关系的问题。

列宁认为，为了对苏维埃国家实行统一有效的管理，必须实行集中制。没有集中制，就没有无产阶级整体利益和苏维埃的联合，实行集中制的同时，还应实行充分的民主。在处理中央与地方的关系时，既要实行民主，又要实行集中。

首先，民主集中制原则在中央与地方之间关系的体现，就是既要坚持中央政府的统一领导，又要充分发挥地方政府的积极性。民主集中制是自愿的集中制，是在地方实行自治的基础上实行集中。

其次，民主集中制要求处理中央与地方关系时，不仅要实行地方自治，以发挥地方的积极性，而且要实行区域自治，处理好民族关系。

最后，以民主集中制原则为依据，合理划分中央与地方政府的权限。列宁认为，苏维埃政权应当在中央统一领导下，按级分权。下级机关必须服从上级机关，各级地方政府必须服从中央政府。但地方政府在执行上级政府的政策时，可以结合地方的实际，充分发挥广泛的主动性。

三、中国共产党历代领导人对中央与地方关系的论述

新中国成立后，中国共产党在领导中国社会主义建设实践中，又进一步丰富和发展了马克思主义关于中央与地方关系的理论，为正确处理中央与地方关系问题提供了理论指导。

（一）毛泽东对中央与地方关系的认识

关于中央与地方关系，毛泽东比较早地认识到这一问题并做了系统表述。早

在 1938 年，毛泽东就指出，"一般的方针集中于上级，具体的行动按照具体情况实行之，下级有独立自主之权。上级对下级某些具体行动有意见，可以而且应该作为'训令'提出，但决不应作为不可改变的'命令'。越是地区广大，情况复杂，越应使之多带地方性，多切合地方情况的要求"。[2] 新中国成立以后，毛泽东在社会主义建设中又提出了正确处理中央与地方关系的一系列新思想。

（1）明确地提出了正确处理中央与地方关系的重要性。毛泽东指出："处理好中央和地方的关系，这对于我们这样的大国大党是一个十分重要的问题。"[3] 中央与地方的关系如果处理不好，对一个国家而言，会导致分裂；对一个大党而言，会造成党内的不团结。

（2）确立"充分发挥中央和地方两个积极性"的基本指导思想。在著名的《论十大关系》一文中，毛泽东指出，"应当在巩固中央统一领导的前提下，扩大一点地方的权力，给地方更多的独立性，让地方办更多的事情。这对于我们的国家建设比较有利"。他还指出，"有中央和地方两个积极性，比只有一个积极性好得多"。这一指导思想成为了新中国成立以来处理中央与地方关系的基本原则。

（3）必须坚持中央的统一领导。毛泽东指出，"为了建设一个强大的社会主义国家，必须有中央的强有力的统一领导，必须有全国的统一计划和统一纪律"。没有必要的统一，就不可能调动各方面的积极性，形成强大的力量。

（4）扩大地方的自治权，充分调动和发挥地方的积极性。毛泽东认为，地方的权力过小，对社会主义建设不利。必须下放权力，给地方以自主权，各地都要有适合当地情况的特殊政策，中央要注意发挥省市的积极性。他还对地方的积极性与地方主义做了区分，"正当的独立性，正当的权利，省、市、地、县、乡都应当有，都应当争。这种从全国整体利益出发的争权，不是从本位利益出发的争权，不能叫作地方主义，不能叫作闹独立性"。[4] 地方主义只是强调本地区利益，而反对整体利益。它与地方正当的独立性是完全不同的。

（5）必须注重中央与地方的分工与协作。在处理中央与地方关系时，毛泽东认为，不仅地方对中央有要求，中央对地方也有要求。既要调动双方的积极性，又要注重两者的相互协商，达到两者的协调。他指出，"我们要提倡同地方商量办事的作风。党中央办事，总是同地方商量，不同地方商量从来不贸然下命令"。[5] 通过相互协商，可以有效地解决中央与地方之间存在的某些矛盾。

（6）地方也应该调动地方的积极性。地方必须在中央统一领导下，实行层层分权，分级管理。毛泽东指出，"省市对中央部门有意见，地、县、区、乡对省市就没有意见吗？中央要注意发挥省市的积极性，省市也要注意发挥地、县、区、乡的积极性，都不能够框得太死"。[6]

（7）必须克服各自为政和过分集中两种错误倾向。在处理中央与地方关系时，毛泽东认为，应该统一的，必须统一，决不允许各自为政；但统一和因地制宜必须相结合。该分开的必须分开；该交给地方的权力，就必须交给地方。中央和地方各级政府都必须明确自己的职权，才能发挥各自的积极性。

（二）邓小平对中央与地方关系的认识

20世纪50年代，邓小平作为党的第一代领导集体的重要成员，就对中央与地方的关系做过明确的论述。改革开放后，邓小平作为党的第二代领导集体的核心，对中央与地方的关系提出了许多独到的见解。

（1）中央与地方的关系就是全局与局部的关系。邓小平认为，全局是由局部组成的，两者缺一不可。但无论如何，我们都必须以中央、全局和集中统一为主导。对地方政府来说，应照顾全体，中央和集中统一，以中央为主体。地方是中央领导下的地方，局部是全局中的局部。因地制宜是在集中统一下的因地制宜。如果两者之间发生矛盾，地方应该服从中央，局部应该服从全局。[7] 中央必须考虑且照顾地方，地方也必须照顾全体和中央。

（2）集中和分散都必须到位。改革开放以来，在正确处理集中与分散的关系问题上，邓小平认为，集中与分散都必须到位。中央必须保持某些集中，该集中的必须集中，在此基础上，考虑地方利益无可厚非。中央必须把主要精力放在解决大问题、方向性问题和宏观问题上，不能"眉毛胡子一把抓"。中央必须把那些不该管的、管不好的和管不了的事情放到下面，由下面去做、去管。

（3）建立社会主义市场经济体制，要维护中央的权威。按照邓小平的理解，"维护中央的权威"，就是中央的宏观调控有力，"中央说话算数"。[8] 加强中央的权威是建立社会主义市场经济体制的要求，市场经济更需要政府的宏观调控。要充分发挥市场经济的优势，必须有中央政府足够的权威来保证。中央没有权威,地方各行其是,乱哄哄的,改革是不能成功的。地方绝不能搞上有政策、下有对策,更不能搞违背中央政策的对策。

(三) 江泽民对中央与地方关系的认识

江泽民作为党的第三代领导集体的核心,根据社会主义市场经济体制的特点和要求,对中央与地方的关系做了新的论述。

(1) 提出了处理中央与地方关系的基本原则。江泽民指出,"充分发挥中央和地方两个积极性,是国家政治生活和经济生活中的一个重要原则问题,直接关系到国家的统一、民族的团结和全国经济的协调发展"。[9] 要发挥中央与地方的积极性,总的原则是既要有体现全局利益的统一性,又要有统一指导下兼顾局部利益的灵活性,既要维护国家宏观调控权的集中,又要在集中指导下赋予地方必要的权力。

(2) 合理划分中央与地方的经济管理权限。全国的经济是一个有机整体,中央必须制定和实施全国性的法律、法规、方针和政策,宏观经济权必须集中在中央,才能保证总量平衡和结构优化,维护全国市场的统一。同时,又要赋予地方必要的权力,让地方有更多因地制宜的灵活性。

(四) 习近平对中央与地方关系的认识

发挥中央与地方两个积极性一直是党和国家领导人的基本思想。当前,关于如何发挥中央与地方两个积极性,习近平作为党的第五代领导核心,在处理中央与地方关系的问题上,就"事权"与"责任"划分,明确了"事权和支出责任相适应"的改革新思路。2013年,党的十八届三中全会《关于全面深化改革若干重大问题的决定》中提出:要"适度加强中央事权和支出责任,国防、外交、国家安全、关系全国统一市场规则和管理等作为中央事权;部分社会保障、跨区域重大项目建设维护等作为中央和地方共同事权,逐步理顺事权关系;中央可通过安排转移支付将部分事权支出责任委托地方承担;对于跨区域且对其他地区影响较大的公共服务,中央通过转移支付承担一部分地方事权支出责任"。[10]

上述有关中央与地方关系的理论,对中国社会主义建设实践产生了重要影响,指导着人们通过对两者关系的调整改革不断寻求完善中央与地方之间的权力均衡机制,以实现两者关系上的一种理想状态,即:一方面是建立强有力的国家，实现国家整体目标，最大限度地提升国家能力；另一方面是保证地方富有发展、创新的活力和能力，促进地方经济的持续发展，形成繁荣发展的社会。从现实看，经过长期不懈的努力，地方政府在推动经济发展中的作用确实大大地增强了，从而使地方政府在经济社会发展中的作用发生了根本性改变。

第二节 行政生态约束下的中央与地方关系调整及地方政府角色转变

一、地方政府角色的制约因素

任何一国中央与地方政府关系都是各国的政治核心问题。所以，在两者关系结构中，地方政府作为政府体系中的一个层次，在经济发展中处于何种地位，掌握多大权力及作用范围不仅取决于中央政府，更取决于当时所处行政生态环境，受各国经济、政治、文化等多方面因素的制约。一般地说，以下因素至关重要。

（一）国家自身的存在目的

国家是实施阶级统治的工具，同时也是管理社会事务的公共机关，这是任何一个国家都具有的职能。但不同阶级性质的国家，其存在意义、存在目的是有差异的。比如，资本主义国家的本质是维护整个资产阶级的利益，而社会主义国家的本质是解放生产力，发展生产力，消灭剥削，消除两极分化，最终达到共同富裕。这种差别对直接承担国家职能的政府必将产生影响，进而影响地方政府。主要表现在政府作用的具体内容，作用的深度、广度与方式、方法上。比如，我国以公有制为主的经济结构，必然使政府作用的广度、深度增大。以私有制为主的经济结构，政府与绝大部分企业不存在因所有关系衍生的行政隶属关系，不可能直接干预企业的经营，政府作用范围明显较前类政府小。

（二）国家所处的发展阶段

社会的发展程度对政府管理经济的要求也不一样。发展程度越低的国家，政府管理的经济事务越多。比如，中国目前正在走向市场经济，以社会主义市场经济体制取代原有的计划经济体制，尽管政权性质不变，但由于健全的市场制度还没有建立，因此，与西方成熟的市场经济国家相比，政府承担更多的经济职能，发挥着"主导"作用。既要消除对市场取向改革的阻力，又要设定并执行市场活动的"竞技规则"。成熟的市场制度一旦确立，前者的职能会逐步消失，后者的经济职能将会趋于规范化。就地方政府而言，市场经济体制运转的结果，必然形成一个全国统一市场和国家经济的一体化，以及国内市场与国际市场的一体化。在这种情况下，地方政府难以承担对整个社会经济的宏观调节、控制、平衡。即使通过立法规范社会经济生活的管理职能，因为商品流通和经济行为都不受地域限制而使地方政府难以完全承担。因此，在成熟的市场经济体制下，地方政府承担的经济职能一般都会减少。

（三）国家的政治、行政体制安排

一国行政体制，特别是中央与地方关系的安排，直接影响地方政府的作用。政府间关系存在两种模式：一是政府间存在行政上的上下隶属关系，就是说存在命令、指挥、服从的行政关系。上级政府有权指令其下属政府完成它所承担的各项管理任务，也可收回下属政府某项管理权力。二是政府间不存在行政隶属关系，仅存在依法监督的法律关系，各级政府的地位在法律上是平等的，有各自法定的管理职责，上级政府不可能将自身的管理任务直接交下级政府。这两种模式在管理上形成分权与分工两种体制。在分权体制下，各级政府职能范围大致相同，职能配置由中央政府决定。并且，由于政府间相互隶属的关系，地方政府的管理权限和能力往往取决于中央政府的意愿，随国家的行政分权与集权的程度而出现较大差异。中国的各级政府分级管理体制就属于这种模式，因而，目前地方政府作用的范围明显要宽些。而在分工体制下，各级政府有自己的管理领域，并拥有相应的独立自主权限，这种权限以法律形式予以明确规定和保证。政府间职能配置由国家相应的机关通过立法做出安排，政府职能范围很明确，在法定的管理事务范围内拥有较大的自主权限和能力，各级政府之间形成一种职能分工关系。

(四)经济运行机制

经济运行机制直接决定着政府作用的内容、深度、广度。以计划为主导的运行机制，整个社会经济生活在国家计划安排下运转，国家通过政府以行政手段来推动经济运作，实现资源的配置。这种机制必然导致政府作用的过度扩展。比如，在计划经济体制时期，政府作为"万能中心"，不仅安排整个社会的生产、流通、分配、产业结构，而且还安排企业的产供销、人财物，发挥着全能型政府的作用。而在以市场为主导的运行机制下，整个社会经济生活依靠市场经济规律，市场推动经济运转，实现资源的合理配置。在这种情况下，政府的作用范围较为有限，主要职责不在于直接参与、直接进行经济活动，而在于弥补"市场失灵"，在于管理。

以上因素同样适用于分析我国地方政府的角色模式。事实上，新中国成立以来，我国地方政府角色正是伴随客观环境变化和中央与地方关系调整而演变的。从而使地方政府在不同时期扮演不同的角色，发挥不同的作用。

二、新中国成立以来中央与地方政府关系调整与地方政府角色转变

中央与地方的关系就是中央政府与地方政府在管理国家和社会公共事务过程中所结成的一种纵向权力关系。它直接关系到中央与地方的权力配置、利益划分，因此，从古至今，无论哪个国家，如何妥善地安排中央政府与地方政府的权力配置，调动中央与地方的积极性，一直都是非常重要并且十分棘手的问题。我国在这方面也进行过长期不懈的探索。从中央与地方权力和利益关系的确立、调整看，始终都与当时的政治、经济发展状况相关联。

(一)计划经济体制时期中央与地方关系的调整及地方政府角色

新中国成立初期我国确立了中央集权管理模式，它是以恢复战争破坏了的国民经济为前提的。比如，为了稳定社会，促进经济发展，1950年3月，中央人民政府颁布了《关于统一国家财政经济工作的决定》，制定了"统一领导，统一管理"的高度集中的经济管理体制，在这种体制下，全国的财政、金融、经济、行政管理权全部集中在中央。之后，随着大规模经济建设的开展，又采取了一些加强中央集权的措施，使各种行政管理权越来越集中到中央，而地方发展生产的

积极性受到了限制，地方政府的行动完全依赖于中央政府的行动。这种状况在计划经济体制确立后有所改善。

1956年底"三大改造"完成后，我国计划经济体制确立。与此相适应，中央与地方政府关系的调整基本处于分权与集权的循环中。具体情况如下：

对于新中国成立后国民经济恢复时期，地方政府积极性受到限制的问题，党的领导人也注意到了，毛泽东《论十大关系》就是比较早的反思。随后，从1958年开始实施经济管理体制改革，重点是向各级地方政府放权让利。主要包括向地方政府下放计划权、企业管理权、物资分配权、基本建设项目审批权及投资和信贷管理权、财政和税收权等。这是在计划经济体制下第一次对中央与地方政府关系的调整。通过这次调整，地方政府获得了较多的权力，在经济生活中的作用得到突出。但是，调整后的新的中央政府与地方政府的关系，在发挥地方政府的作用方面有些过头，结果导致各自为政、自成体系的各地区、各部门、各单位争夺资源大战，工农业生产秩序陷入一片混乱。实践证明，这次中央与地方关系的调整并不成功。

1960年秋季，中央确定了对国民经济实行"调整、巩固、充实、提高"的八字方针。其中，在中央与地方的关系上，决定把财政、信贷和企业管辖权等下放的权力重新集中，并要求建立比1950年统一财政时"更紧更严"的体制。加大了体制纠偏的力度，把下放给地方的权力逐步收归中央，实行集中统一领导。这种调整对恢复严重扭曲的经济秩序起到了一定的作用，但重新集权的经济运行很快又影响到经济发展，这又把人们的注意力引向分权的思路上。1970年又一次上演了以"下放就是革命、下放越多就越革命"为口号的大规模经济管理体制改革。

纵观计划经济体制时期中央与地方关系的几次重大调整与变革，都是在一遇到新的形势与局面，随即从中央向地方政府进行纵向的、自上而下的权力分配；而当出现地方经济混乱和地方分散主义时，又立即将权力大规模地上收中央。如此反复，形成"一放就乱，一统就死"的"放权"与"收权"的"怪圈循环"。国内有学者将这种权力下放失败的原因概括为两点：①权力下放意味着市场化的倾向，这为计划经济所不容。计划经济体制下权力下放的目的是使地方更好地执行全国统一的指令性计划,但是权力下放实质上就是承认并允许地方的特殊利益,而市场经济是以承认特殊利益为前提的,权力下放必然包含着市场因素,这就产生了一个悖论:实行中央集权,地方被卡得死死的,经济失去活力;而权力下放,国家统一的指令性计划就会被打破,国民经济就会失去计划性。因此,放权一旦危及计划经济体制,下放的权力很快就会被收回。②权力下放不是划分地方政府的专有事权,因此不可能实现中央政府与地方政府之间的分权关系。计划经济体制下的权力下放实质上是计划权的下放,只不过把一个统一的计划权分散为许多小的计划权,中央和地方政府之间是简单替代关系,地方政府即使拥有再多的权力也只是中央政府的微缩,权力的下放和上收都没有改变地方政府作为中央政府派出机构和代理者的地位。[1] 由此可见,最根本的制约因素在于当时的经济体制。

在经济制度建设上,当时我国以苏联为榜样选择的计划经济体制,具有四方面显著特征:一是以公有制(主要是国有制)为基础。二是以一个全面的计划为前提,并辅以集权的计划经济管理的组织系统,来推动国民经济的运行。三是经济活动中的主体(企业)完全置于行政部门的控制之下。企业的任务就是完成计划下达的指标,不允许企业有违背计划的任何行为。四是建立按劳分配的分配制度,在保证全体劳动者就业的前提下,使收入差距最小化。

计划经济体制的这些特征决定了政府组织系统在国民经济运行中处于绝对支配的地位,而且,要求中央政府对经济资源和经济生活实行全面的集中和控制。经济运行方式主要依靠行政手段,行政指令性计划在资源配置中起基础性作用。具体运作过程是先由中央计划机关制定出计划,然后国家通过层层的行政隶属关系,将计划指标下达分配给自己下属的各级部门直至每一个工业企业和农业单位,指令性计划控制着国民经济运行的全过程。经济运行中的人、财、物、产、供、销等各个领域和环节都实行高度集权和无所不包的计划管理。在这种经济体制下,中央高度集权中地方政府只是作为中央政府的派出机构和代理者,承担着中央政府的任务。既不具备在地方发展中做决策的权力,也没有自己的特殊利益,其职责主要在于接受中央政府的指令组织区域内各要素进行生产以及在中央政府授权的范围内处理地方事务。因而,在计划经济体制下,地方政府是一个执行机构，扮演着执行者的角色。自主性的缺失使得地方政府对本地区经济发展所产生的影响力较小，对于推动地方经济发展不具有决定性的作用，仅作为中央政府的延伸，在经济活动中发挥着"全能型"政府的作用，因而，计划经济体制时期，各地发展的差异也较小。

（二）改革开放以来中央与地方政府关系的调整及地方政府角色

改革开放初期，中央与地方政府关系随着党的中心工作和经济体制发生变化，曾进行过几次调整。比如，1976年，针对经济生活中出现的问题，在经济体制上做了一些局部调整。在中央与地方关系上，主要是加强集中统一，上收财权、物权，纠正各种无政府状态。但1978年党的十一届三中全会指出，现在我国经济管理体制的一个严重缺点是权力过于集中，应该有领导地、大胆地下放权力，让地方在国家统一领导下，有更多的经营自主权。可见，权力下放又成为中央和地方的头等大事。这个阶段中央与地方政府的关系仍然重复了计划经济体制时期的分权模式。地方政府获得了在地区经济发展中的主导地位，一方面，调动了其发展经济的积极性；另一方面，也导致了"诸侯经济"的出现。1988年，对于经济生活中过于分散的问题，中央提出了治理经济环境，整顿经济秩序，全面深化改革的新思路。在强调加强宏观调控与监督的同时，上收一些权力。结束这种无休止的"放权"和"收权"循环是在20世纪90年代后，随着我国市场经济体制改革目标的确立，中央与地方关系调整终于进入到划分"职责"、"事权"的新阶段。20世纪90年代之后的市场化改革进程中，受环境因素的影响，地方政府的职能和角色发生了许多深刻的变化，呈现出与传统计划体制下角色所不同的显著差异，演变为主导地区经济发展的特殊经营者，扮演着主导者角色。这一角色的转换，从根本上讲，缘于体制转换而导致的中央与地方进行的实质性分权。具体是由以下两个因素所决定的：

（1）地方政府由传统体制下的行政执行主体转变为具有独立经济利益的经济主体。农村家庭联产承包责任制改革的成功，为中央与地方关系的调整提供了值得借鉴的经验。从1982年起开始实行的各种形式的财政包干，反映了中央与地方政府之间财政体制改革的基本思路——明确划分中央与地方的财政收入，以此调动地方政府发展经济的积极性。财政体制改革使地方政府的财权和财力大大加强，各级地方政府都拥有了各自独立的经济利益，地方政府也就成为和企业一样追逐地方收益最大化的利益主体，有条件研究制定本地区的经济发展战略和计划，促成地方经济的空前发展。

（2）地方政府由中央意志的执行者转变为地区事务的决策者。在计划经济体制下，占压倒优势的国有企业分别隶属于从中央到省、市、县的各级行政主管部门，这些主管部门直接经营着所属企业，企业成为行政部门的附属物。由于政企不分，企业不自主经营和自负盈亏，也就谈不上是真正的市场主体。而在市场取向改革进程中，以往不曾触及的政企关系问题也成为权力下放的题中应有之义。随着企业独立从事经济活动权力的落实，企业走向自主经营，自负盈亏，自我约束，自我发展，成为真正的市场主体。在这种情况下，政府的经济职能必须有实质性的转换，因而中央与地方政府关系的调整开始从双方的职能划分上进行权力整合。从1994年开始，中央扩大了地方政府在经济管理上的事权，在很大程度上把直接组织、管理地方经济的责任转移给了地方政府。尤其是1994年实行的分税制为中央与地方政府之间的分权关系提供了稳固和可靠的经济基础，也使地方政府获得了稳定的、专有的管理本地区经济事务的自主权。促使地方政府由中央意志的执行者转变为地区事务的决策者。

在上述两个因素中，财政包干体制又是决定地方政府角色转变的关键性因素。财政包干体制调整和划分了中央与地方的利益分配关系，意味着地方政府在完成财政包干的前提下，可以自主支配自己的财力。这样，创造了一个促进各级政府发展经济的激励机制，地方政府促进地区经济发展、实现地区最大化利益的动机明显增强了。

市场化进程中，地方政府作为主导地区经济发展的特殊经营者的这种角色，通过地方政府身份的多重性表现出来。

在市场经济条件下，地方政府作为具有相对独立经济利益的主体，在参与区际或国际竞争中，必然要以区域利益最大化为目标，立足本地区来规划和经营区域内各种生产要素，力争以最小投入获得最大产出。在这种条件下，地方政府在该区域经济增长中担当的角色就是整个区域的经营者。但是作为经营者，地方政府又具有不同于企业家的特殊性。这种特殊性通过地方政府身份的多元化表现出来。首先，地方政府参与地区或国际竞争时，主要是以市场主体或"运动员"的身份，按区域利益最大化的原则主导区域内的各类经济活动，支持或直接参与开展区际或国际的竞争和合作，推动本区域经济发展。其次，地方政府要兼顾区域管理者的身份，做好维护区域内社会公平和秩序工作。最后，在本辖区范围内，地方政府主要是以区域管理者或"裁判员"的身份，实施管理和协调，维护公平和正义。地方政府的多元身份显然是企业家不具有的，因此，可以说地方政府是主导地区经济发展的特殊经营者，扮演着主导者角色。

地方政府作为地方经济发展的主导者，这一角色使得地方政府在地区经济发展中的自主性和积极性大大地增强了，地方政府可以借助行政、经济、法律等手段，集中本区域内经济资源，在地方经济运行和发展中发挥着"定向"、"导向"和"协调"作用，对地方经济增长起着举足轻重的作用。

比较而言，中国社会主义市场经济条件下地方政府的主导作用与其在计划经济时期的作用是有明显区别的：

第一，作用手段和方式存在着差异。在传统体制下，总体而言，地方政府作为执行者，主要依靠行政手段完成中央政府的计划指标；而在市场经济条件下，地方政府虽然也应用行政手段，但其实现过程主要借助的是以市场为取向的经济计划、经济政策、经济法规。

第二，对地方发展的影响力不同。在传统体制下，地方政府作为中央意志的执行者，没有独立的地方利益，不具有对地方经济事务的决策权，因而，对地方经济发展的影响力较小；而在市场经济条件下，地方政府不但成为具有独立利益的市场主体，又获得了对地方经济事务的决策权，因而有条件干预地方经济发展，对地方经济发展具有决定性影响。

第三，作用范围不同。在传统体制下，由于排斥市场的存在，企业只是政府的附属物，政企不分，企业不能自主经营和自负盈亏，这种全能型政府模式使得地方政府包揽了一切；而在市场经济条件下，市场作为经济运行的基础，与政府共同发挥着作用，企业也具备了市场主体的属性，因此，地方政府能够最佳地运用市场机制促进地方经济发展，给市场主体留有较大的自主选择空间，其作用范围受到了限制。

三、当前行政生态环境下地方政府的主导作用

当今世界是一个快速变革的时代,意味着地方政府所处的经济、政治、文化等生态环境都在发生着深刻变化,这对地方政府活动及职责体系重构提出了新的要求。

(1)经济领域,社会主义市场经济体制的建立和完善,对地方政府不合理的干预行为提出了挑战,为市场决定资源的合理配置创造了外部环境。并且,在全球经济一体化背景下,中国经过30多年的发展,经济已步入区域经济格局调整、产业结构调整、收入分配结构调整等"结构性"调整阶段,结构性问题是主要矛盾。为此,党中央适时提出了"供给侧"改革的发展思路,这对地方政府落实中央发展战略的行为选择必将产生重要影响。

(2)政治领域,在依法治国思想指导下,依法行政是保证地区居民根本利益和地方政府履责的必然要求。党风廉政建设、反腐和预防腐败体系建设促进了党风政风的扭转,这对改善地方政府与群众关系、落实和谐社会发展目标将发挥积极作用。

(3)文化领域,文化体制改革的深入、精神文明建设力度的加强、社会主义核心价值观的弘扬,都会对地方政府行政行为选择、行政观念转变、行政体制改革产生重要影响。

(4)行政系统内部,服务型政府的建设目标、中央与地方政府关系的法制化、行政问责制、干部人事制度改革的深化和公务员法的实施,都对地方政府构建合理的职能体系、提高履责能力提出了挑战。

行政生态环境的变化,客观地要求地方政府转变职能、改变主导作用发挥的方式和方法。地方政府重在推进市场化进程是市场机制有效运行的重要保证。在减少直接干预行为的同时,主要通过建立健全各种市场规则,维护公平竞争的市场秩序,以及通过提供市场信息、建立市场设施、培育市场组织等促进市场发展的措施来发挥主导作用。

对于地方政府在市场经济条件下的主导作用,本书从层次性角度将其确定为三个层次:宏观调节性主导作用、微观管制性主导作用、直接参与性主导作用。

（一）宏观调节性主导作用

宏观调节性主导作用表现为地方政府通过政策导向、协调、平衡、控制使地方经济活动处于有序状态。从地方政府管理经济的职能范围看，地方政府对经济的宏观性调节作用具体包括两大类。

一类是贯彻中央政府宏观调控政策。对经济进行宏观调控是政府的基本职能，但政府作为宏观调控的主体，其调控经济的职能不可能仅依靠中央政府的一级调控来实现，要有地方政府的参与、配合、协同和分担，必须建立中央政府和地方政府分级调控体系。中央政府调控的范围是整个宏观经济，涉及全局的经济调控，在这方面，地方政府没有调控权，只有贯彻执行的权力，即贯彻中央政府宏观调控法令和调控经济的政策，没有随意修改中央政府决策的权力。另一类是在中央政府和地方政府分权的基础上，地方政府行使自身的宏观调控职能，在这部分调控职能中，地方政府具有决策权。主要包括以下方面：

（1）根据国家的经济发展战略目标，确定地方战略规划与管理。地方战略规划与管理是当前地方政府特别强调的管理职能，也是考察地方政府管理公共事务的能力，促进社会良性发展的重要标准之一。中国经济实现可持续发展的战略有赖于地方政府可持续发展战略的设定，它要求地方政府面对全球化浪潮的冲击，根据国家的经济发展战略目标，针对地方经济、社会发展问题，确立自身的战略规划。即地方政府作为公共管理者，既要对地方人口、自然、经济、社会、文化、政治法律和技术状况等因素进行客观分析，确定地方所处的客观环境，又要明确地方各类利益主体的格局，界定政府面对的问题，在此前提下，形成地方政府战略发展目标，确定地方在中长期内经济、社会发展政策的导向，向公众提供一个清晰、可视的发展框架，展示一个为之共同努力的目标前景。

（2）运用有限的经济调控手段，引导市场经济活动，促进地方经济稳定、协调发展。尽管宏观经济调控政策和手段主要应该由中央政府执行和承担，但并不是说地方政府在促进经济稳定发展上完全没有作用。事实上，地方政府在稳定地方经济方面具有一定的功能，主要表现在地方财政政策对地方经济增长能力和充分就业的影响和推动作用上。对于地方经济增长，因为地方政府拥有有限度的税收、收费权力，可以对地方财政支出和政府投资做出安排，所以，地方政府能够运用有限的财税政策，刺激地方经济增长，拉动就业。[12]

（3）协调区域经济发展，拓展区域经济优势。公共需求是产生政府职能的前提。中国经济已经融入经济全球化进程，在此背景下，地方的地域局限性和资源局限性，以及大量跨地区性公共问题的出现（如河湖流域管理），客观地需要地方政府在促进区域地方间经济合作上发挥重要作用。比如，地方政府通过区域合作，可以整合资源，形成区域间经济体系优势互补、分工合理的产业结构；也可以借助地方政府间的协商、合作机制，来共同解决区域内共同面对的问题和困境，以谋求区域内共同的可持续发展战略的利益。总之，协调处理好区域内部各城市相互间经济发展的关系，优化本地区的经济结构，发挥地区结构优势应当成为地方政府的一项重要经济职责。

（二）微观管制性主导作用

微观管制是相对于宏观调节来说的，是指地方政府通过对微观经济主体的管制影响地方经济运行，以实现政府管理目标。即政府可以简单地直接命令某一行业或领域的各市场主体从事或停止某项活动，而不必通过市场参数去间接诱导市场主体按政府意图行事，是政府发挥对微观经济主体的管制作用。

有关政府管制的含义，余晖的《政府与企业：从宏观管理到微观管理》解释为"政府内许多行政机构，以治理市场失灵为己任，以法律为根据，以大量颁布法规、规章、命令及裁决为手段，对微观经济主体（主要是企业）的不完全是公正的市场交易行为进行直接的控制或干预"，在这个定义里，对于管制的对象即微观经济主体没作限制，它既可以是私人企业，也可以是国有企业或其他所有制形式的企业。而严格意义上的政府管制，实际上是政府对于私人企业的管制。朱绍文主编的《现代西方微观经济分析》指出，"政府管制指的是政府对私人经济部门的活动所进行的某种限制，如价格限制、数量限制或经营许可，等等"。基于我国国有企业改革步伐的加快，笔者对政府管制的理解遵从余晖的解释。

政府管制的产生是市场经济演进的结果。最早的市场经济运行尽管也需要国家发挥作用，但是，那个时代信奉的是"管得最少的政府是最好的政府"。因此，政府只充当一种"守夜人"的角色，不仅很少干预微观经济活动，而且对宏观经济也较少实施调控。然而，随着市场经济运行越来越复杂化，市场失灵的现象日益突出，为克服市场运行中出现的失灵，国家改变了一度恪守的"守夜人"角色，而采取干预市场的经济政策。但是，国家干预市场又可以分为宏观经济调控和微观经济管制。政府管制是为了实现某种公共政策目标，就垄断及外部性等问题对微观经济主体进行的规范和制约。因此，政府管制是市场经济运行必需的一项内容。

政府管制主要分为两类：经济管制、社会管制。就经济管制来说，它是在存在着自然垄断和信息不对称问题的部门，以防止无效率的资源配置的发生和确保需要者的公平利用为主要目的，通过被认可和许可的各种手段，对企业的进入、退出、价格、服务的质和量以及投资、财务、会计等方面的活动所进行的控制；就社会管制来说，它是以保障劳动者和消费者的安全、健康、卫生、环境保护、防止灾害为目的，对物品和服务的质量以及为提供这些物品和服务而进行的各种活动制定一定的标准，并禁止、限制特定行为的管制。

改革开放以来，随着社会主义市场经济体制的建立和不断完善，中国政府不断转变职能，从一个在经济活动中起主导作用的"垄断者"逐步变成针对市场失灵进行管制的"服务者"。为适应这种转变，地方政府也走上了管制化的道路。因此，地方政府管制是地方政府必须承担的微观性经济职能。在中央政府与地方政府存在上、下级行政隶属关系的体系下，就其内容而言，我国地方政府管制应包括以下两个方面：

（1）配合中央政府具体实施中央政府的管制政策。我国政府组织采取的是中央和地方分级的垂直管理体系。在这种体系下，政府管制需要在两个层面上实现。中央政府所属管制机构着重于管制政策、措施的制定和重大问题的决策，而地方管制机构则主要负责具体实施。表现为配合中央政府具体实施中央政府的经济管制和社会管制政策。

在经济管制方面，由于政府管制集中于公用事业、广播电影电视、通信、运输、建筑业、制造业、流通等领域，所以，这些领域都需要地方政府的配合，地方政府是具体实施管制的一个重要环节。比如，电信业管制中，国务院信息产业主管部门负责对电信业的全面管制，但许多活动又离不开地方政府的辅助，因此，《中华人民共和国电信条例》规定，省、自治区、直辖市电信管理机构在国务院信息产业主管部门的领导下,依照本条例的规定对本行政区域内的电信业实施监督管理。

在社会管制方面,政府管制主要集中于环境保护、消费者保护等领域。政府的社会管制同样需要在两个层次上实现。比如,在环境保护方面,《中华人民共和国环境保护法》规定,国务院环境保护行政主管部门对全国环境保护工作实施统一监督管理。县级以上地方人民政府环境保护行政主管部门,对本辖区的环境保护工作实施统一监督管理。

(2)地方政府独立实施管制。在我国政府组织实行分级分权体制下,地方政府在一些经济管制和社会管制方面,也拥有一定的制定地方性法规的权力,同时,有关地方管制机构也有制定相应具体管制措施的权力。

在经济管制方面,地方政府主要是以执行者的身份具体实施中央政府的管制政策,除此之外,对于一些具有地域性的经济活动,需要地方政府独立发挥经济管制的作用。比如,城市供水对地方政府管制有着特殊的需求。城市供水是指城市公共供水和自建设施供水,属于自然垄断特征明显的产业,同时也是规模效益明显且具有明显地域性和公益性的事业。对从事这项事业实施进入管制,不仅有重要的经济意义,而且也有突出的社会福利价值。因此,在各地的城市供水中,对进入该产业的供应者都要做出严格的规定。在《中华人民共和国城市供水条例》(以下简称《条例》)中,也赋予地方政府独立实施城市供水管制的权力。《条例》规定,省、直辖市、自治区人民政府城市建设行政主管部门主管本行政区域内的城市供水工作。县级以上城市人民政府确定的城市供水行政主管部门主管本行政区域内的城市供水工作。为此,各地根据自己的情况都出台了自己的《城市供水管理条例》,对本地的城市供水进行管制。

在社会管制方面,地方政府除了要具体执行中央政府的社会管制政策外,也要相对独立地进行某些领域的社会管制,如环境保护、医疗卫生等。基于现实中各级地方政府为发展本地经济而忽视环境的倾向,以及环境遭破坏的事件频频发生等问题,在这些领域,地方政府进行的社会管制较中央政府在这些领域的管制应该更为突出,需要切实履行社会管制的职责。

(三) 直接参与性主导作用

直接参与是地方政府作为市场主体直接介入市场经济的一种行为,表现为政府通过兴办国有独资或控股或向社会提供基础设施及公共服务的方式,使自己作为独立的法人实体直接参与市场经济活动,从而对社会经济活动产生影响,并以此来实现政府的各项经济、社会及政治目标。[13]

在市场经济条件下,自发运行的市场机制会出现许多问题,造成市场失灵。其中,有些问题是可以通过政府直接生产解决的,比如某些公共产品的提供。政府必须填补市场失灵留下的这块空白,担负起直接经营一定经济事务、为全社会提供公共产品及服务的职能,这也是政府存在的依据。所谓公共产品是满足社会成员共同需要的产品。按公共产品的受益范围,可以分为全国性公共产品和地方性公共产品。为全国居民共同享用的公共产品就属于全国性公共产品;而像受益范围局限于某个区域的公共产品就属于地方性公共产品。地方公共产品具有以下特点:

第一,收益上的地方性。地方公共产品在消费上具有空间限制性,像交通、道路、水利等都存在收益上的区域性特点。

第二,存在溢出效应和拥挤效应。溢出效应是指公共产品的受益与行政属地的地理范围不一致,即受益范围大于行政界线,从而向邻近区域扩散的现象。具体又可区分为正负两种情况。拥挤效应是指由于大多数地方公共产品的收益只覆盖有限的地理范围,随着人口规模的增加,使用者的增加,这些公共产品将变得拥挤。因此,对于使用者而言,要付出拥挤成本。

第三,提供的层次性。由于地方公共产品受益的是一定区域的人,所以也会由不同层级(或不同区域)的地方政府提供。

在市场经济条件下,较之中央政府而言,地方政府能更有效地提供地方性公共产品,在实现资源配置功能方面具有重要作用。原因如下:

第一,从公共产品的适用性来看,地方政府更容易提供满足地区群众特殊需要的公共产品。事物发展具有不平衡性,不同的地区在经济发展、文化水平、风俗习惯、地质地貌等方面都会存在较大的差异,因此,地方所需公共产品也具有差异性。而了解地方居民的实际偏好信息,从信息的传递上看,地方政府更接近地方居民，更了解居民的情况，更能因地制宜、灵活机动地解决地方事务。正如托克维尔所指出的："一个中央政府，不管它如何精明强干，也不能明察秋毫，不能依靠自己去了解一个大国生活的一切细节。它办不到这一点，因为这样的工作超过了人力之所及。当它要独立创造那么多发条并使它们发动的时候，其结果不是很不完美，就是徒劳无益地消耗自己的精力。"[14] 可见，中央政府在提供公共产品时往往采取"一刀切"的办法，这对全国性公共产品是合适的，但却难以满足地区特殊需要的公共产品。

第二，从投资与利益享受有机结合起来看，地方政府通过对本地居民征税来组织对本地居民有益的公共产品的生产，符合"谁受益、谁支付"的公平原则。亚当·斯密指出："一项公共工程，如不能由其自身的收入维持，而其便利又只限于某特定地方和某特定区域，那么，把它放在国家行政当局管理之下，由国家一般收入维持，总不如把它放在地方行政当局管理之下，由地方收入维持来得妥当。"[15]

基于地方公共产品存在溢出效应的特点，如果让地方政府组织收益外溢性很强的公共产品，其他地区的居民不用交费就能享用，这对该地的居民是不公平的，也会使代表本地利益的地方政府对这项公共产品的供给失去动力；而如果收益外溢性小的地方性公共产品由较高层级的政府提供，这就对交了费而没有受益的其他地区的居民不公平，而且较高层级的政府由于信息有限的制约，也会发生偏好误识的问题，不能有效地提供地方性公共产品。因此，不同层次的公共产品需要与不同层次的政府相匹配，应由不同层级的地方政府来提供。[16]

因此，提供地方性公共产品及服务，是市场经济条件下地方政府必须承担的职能。在地方政府提供的公共产品及服务中，主要有：

（1）提供地方社会所需的基础设施和公用设施。一个地区的公共基础设施状况，决定着本地方经济和社会的发展，直接关系到全体居民的利益。比如，邮电通信、交通、供水、排水、供电、供气等设施，这些设施资金投入大、技术难度高、涉及面广，私人力量不愿意介入，理应由地方政府来承担。所以，地方公共性基础设施的建设和维护是地方政府的一项基本职能。

（2）提供地方社会所需的基础工业领域，如矿山、能源、水利工程。

(3)提供地方社会所需的经济性公共服务主要是指地方政府为促进当地经济发展的公共服务,通常是生产性的,如地方政府对国有企业的资金投入,对产业活动的价格补贴,技术开发和应用性研究的资金投入,对农业经济活动的投入等。

总之,改革以来,几经演进,在社会主义市场经济条件下,地方政府的作用既反映了政府作用的一般性,又体现了中国国情的特殊性,它对地区经济发展产生了直接的影响。

本章注释

[1] 马克思,恩格斯. 马克思恩格斯全集(第41卷)[M]. 北京:人民出版社,1982.

[2] 毛泽东. 毛泽东选集(合订本)[M]. 北京:人民出版社,1974.

[3][4][5][6] 毛泽东著作选读(下册)[M]. 北京:人民出版社,1986.

[7] 邓小平. 邓小平文选(第1卷)[M]. 北京:人民出版社,1994.

[8] 邓小平. 邓小平文选(第3卷)[M]. 北京:人民出版社,1994.

[9] 江泽民. 江泽民文选[M]. 北京:人民出版社,2006.

[10] 中共中央关于全面深化改革若干重大问题的决定[Z]. 2013-11-15.

[11] 易重华. 中国地方政府转型[M]. 北京:中国社会科学出版社,2008.

[12] 孙柏瑛. 当代地方治理[M]. 北京:中国人民大学出版社,2004.

[13] 张岩鸿. 市场经济条件下政府经济职能规范研究[M]. 北京:人民出版社,2004.

[14] 托克维尔. 论美国的民主(上)[M]. 北京:商务印书馆,1988.

[15] 亚当·斯密. 国民财富的性质和原因的研究(下卷)[M]. 北京:商务印书馆,1974.

[16] 易重华. 中国地方政府转型[M]. 北京:中国社会科学出版社,2008.

第四章　新中国成立以来地方政府与区域经济发展的历史考察

政府在经济发展中的作用，既是一个理论问题，也是一个现实问题。就现实而言，新中国成立以来，中国经济经历了一个由恢复、建设到发展以及快速增长的历史过程。在这 60 多年的经济发展中，政府的组织、推进具有关键性作用。而国家和政府的经济职能，很大部分要分解和落实到地方政府这个层次，由地方政府来承担和执行，需要通过地方政府的经济行为，在发展地方经济的同时，实现我国整个国民经济的快速发展。为此，本章将从三个历史阶段，对不同时期、不同体制和不同国家经济发展政策下的地方政府的地位及发挥的作用进行实证考察。

第一节　新中国成立初期大区制与地方政府

中国地方政府是随着新中国的成立而建立的，各级地方政府建立起来以后，处于不断的发展演变之中。在不同的历史时期，受经济体制、国家地区经济发展战略和政策等因素的影响，地方政府的名称、地位和作用都有所不同。从总体上看，大致经历了新中国成立初期的大区制、"文革"时期的三线建设和改革开放以后凸显地区发展差异三个时期。

一、新中国成立初期的大区制

大行政区简称大区,是新中国成立初期在地方设置的一级政权机构,它是新中国对国家行政管理体制和中央与地方关系进行的一种探索。

1949 年新中国成立后,按照新中国成立初期起临时宪法作用的《中国人民政治协商会议共同纲领》(以下简称《共同纲领》)的规定,全国划分为大区、省、市和行署区。就是说在中央人民政府下设政治法律、财政经济、文化教育、人民监察四个综合性委员会及其所属部、委、院、署、行、厅共 35 个机构的同时,我国在中央人民政府以下,省、直辖市以上将全国划分为六个大的行政区域(以下简称大区),即华北、东北、西北、华东、中南、西南六大区域,作为省以上的一级区域建制,同时还设有中共中央大区局。根据《共同纲领》规定:"凡人民解放军解放的地方,应一律实施军事管制,取消国民党反动政权机关,由中央人民政府或前线军政机关委任人员组织军事管制委员会和地方人民政府,领导人民建立革命秩序,镇压反革命活动,并在条件许可时召集各界人民代表会议。"可见,当时各大区成立的人民政府或军政委员会,既是本辖区内最高一级的地方政府,同时也是中央人民政府的代表机关,领导着大行政区内各省、自治区、直辖市人民政府的工作。

1950 年,大区政府工作机构一般为 30 个左右,但是,中央人民政府为加强集中统一领导,精简政府层次,于 1952 年改革国家行政管理体制。1952 年 11 月,中央人民政府委员会召开的第 19 次会议通过了《关于改变大行政区人民政府(军政委员会)机构与任务的决定》,根据"大行政区人民政府或军政委员会一律改为行政委员会。大区行政委员会是代表中央人民政府在各地区进行领导与监督地方政府的机关"的决定,各大区行政委员会不再是最高一级的地方政权机关,仅是中央人民政府派出机关。由于大区由一级政权机关改为派出机关,其工作部门的设置也做了相应的调整,保留政治法律、财政经济、文化教育、人民监察四个委员会和办公厅,而工业、财政、交通、贸易、金融、粮食等部门改由中央各主管部门直接领导,大区政府的机构大大缩减,其职能被极大地削弱了。1954 年 6 月,大区建制被撤销,由中央直接领导各省区。

二、新中国成立初期的经济管理体制:"统一领导、统一管理"

新中国成立之前,为了与当时战时条件相适应,党在解放区实行的是"统一领导,分散经营"的原则。即在中央统一的方针、政策指导下,根据地各自为战,自收自支,自给自足,从而为革命战争的胜利提供了保障。但是,新中国成立后,新政权面临的一个最紧迫的问题,就是如何迅速恢复和重建破碎了的国民经济,解决全国4亿多人的吃饭、穿衣问题。因而,新中国成立初期面临的财政赤字、通货膨胀等不稳定局面,建立全国统一的财政制度,实行集中统一的经济管理体制就成为适应经济恢复和准备建设的一种现实需要。

1950年3月,中央人民政府(即政务院)通过了《关于统一国家财政经济工作的决定》,对全国财政收支、物资调度、现金管理作了明确规定:

第一,统一全国财政收支。"除批准征收的地方税外,所有关税、盐税、货物税、工商税的一切收入,均归中央人民政府财政部统一调度使用","全国各地所收公粮,除地方附加粮外,全部归中央人民政府财政部统一调度使用。各省、市、县、区人民政府,非依粮食局支付命令,不得支取公粮"。

第二,统一全国物资调度。"各地国营贸易机构业务范围的规定和物资的调动,均由中央人民政府贸易部统一负责","非经中央人民政府贸易部批准,各地贸易机构不得改变中央人民政府贸易部规定的业务计划"。

第三,统一全国现金管理和货币发行。指定中国人民银行为国家现金调度的总机构。一切军政机关和公营企业的现金,除留若干近期使用外,一律存入中国人民银行统一管理,集中调度。[1] 这样,全国的财政、经济、金融管理权等全部集中到了中央政府的手中。这种集中统一的经济管理体制,可以称为"统一领导、统一管理"的体制。

统一财政经济制度的实施不仅是增强了当时中央政府调节社会经济活动的权威性和能力,有力地促进了全国经济的恢复和稳定;更重要的是随着国民经济的恢复和发展,这一制度为后来高度集权的计划经济体制的确立以及实行大规模的有计划的经济建设奠定了基础。

三、大区制下的地方政府与经济发展

1949~1954 年的大区制时期,既是新中国成立初期国民经济恢复时期,也是中国计划经济体制的形成时期,因此,在这一时期,伴随着党的中心任务的转移,中国政府开始由"有限的政府干预"向"全能型政府"模式的转型。政府经济工作的重点也随之实现了转换,重点转向恢复国民经济和为推行计划经济创造基础和条件两个方面:

(一)抑制通货膨胀,维护宏观经济稳定

对于恢复经济问题,最初,在经济制度建设上,我国选择实施了毛泽东提出的中国革命分"两步走"的思想,先进行新民主主义社会建设。早在 1940 年毛泽东就提出,在民主革命取得胜利以后,我们要建立的是一个"中国各革命阶级联合专政的新民主主义社会"。新民主主义社会的经济基础是新民主主义经济。即允许"不能操纵国民生计"的私人资本主义存在,实行大银行、大工业、大商业归国家所有的混合经济。[2] 毛泽东、刘少奇等中央领导人认为,民主主义革命胜利后不应过早地采取社会主义政策。刘少奇讲到,为了建设新民主主义经济,共产党至少可以与资产阶级"搭伙 10~15 年"。在这种思想的指导下,1949~1952 年,中国领导人"三年准备、十年建设",然后才可以采取步骤进入社会主义的设想部署工作。具体表现在:1949 年新中国成立后,人民政府没收了当时掌握国民经济命脉的官僚垄断资本,建立了在国民经济中处于主导地位的社会主义国有经济。但这时还广泛存在的私人资本主义经济、个体农民和手工业经济,仍然主要是由市场价格机制调节的。在这种经济制度条件下,针对旧中国恶性通货膨胀遗患的严重威胁,新政府的首要职责是抑制通货膨胀,维护宏观经济稳定,恢复、重建千疮百孔的中国经济。

新政府进行的抑制通货膨胀的关键性措施是实行财政集中管理,建立全国统一的财政制度。1950 年 3 月实施的统一财政经济制度促进了国民经济的恢复和发展。

此外,为恢复经济,国家采取了调剂国营经济、合作社经济、个体经济、私人资本主义经济和国家资本主义经济的政策,使各种经济成分在国营经济领导

下，分工合作，各得其所。如，具有临时宪法性质的《共同纲领》规定，新中国的经济政策是公私兼顾、劳资两利、城乡互助、内外交流。

1949~1952年，从政府作用范围看，总体而言是有限的，虽然政府直接经营的经济成分不断扩大，但在国民经济中所占比重是有限的。如，1952年，国营和合作社工业产值占工业总产值的比重为44.7%。[3] 从政府参与经济生活的身份看，政府既是国有经济的直接所有者和经营者，也是整个经济运行的调节者和对非公有制经济成分的干预者。从政府作用的实现方式看，既采用了行政命令、指令性计划等直接干预经济运行的手段，也采用经济手段和市场手段调节经济运行。如通过税收、价格等重新分配物资和平抑物价。因此，政府在发挥作用时，是以"有限的政府干预"为目标模式。

（二）创造推行计划经济的基础和条件

1952年，随着全国土地改革运动基本完成和朝鲜战争的结束，党的行动方针发生了重大变化。1952年6月6日，毛泽东在对中共中央统战部的一份文件批示中提到"中国内部的主要矛盾是工人阶级与民族资产阶级的矛盾"，并指出"不应再将民族资产阶级称为中间阶级"。1953年11月的中共中央书记处会议上，毛泽东指出，要消灭资产阶级，消灭资本主义工商业。在此基础上，确立了过渡时期总路线，即从中华人民共和国成立，到社会主义改造基本完成，这是一个过渡时期。党在这个过渡时期，要基本上实现国家工业化和对农业、手工业、资本主义工商业的改造。为此，在总路线指导下，构造实行计划经济的基础和条件成为一项重要的政府经济职责。对此，政府采取的具体措施主要有：

第一，扩大国有制，将私人所有制改变为集体所有制和国有制。比如，在农村掀起了社会主义高潮，并且只用了一年就废除了农民家庭农场制度，实现了合作化。个体农民的消灭，使私人工商业也失去了存在的理由。毛泽东在1955年10月召开的全国工商联执委会成员座谈私营工商业的改造时，号召工商业者"准备共产"，即实现国有化。在这样的环境下，工商业资本家纷纷提出申请，要求国家用"全行业公私合营"的形式对自己实行"社会主义改造"。[4]

第二，扩大指令计划在国民经济中的作用范围。例如，1953年10月中央召开全国粮食会议，做出国家实行粮食统购统销的决定。实行中央统一管理下的中央与地方分工负责的粮食管理办法和制度，由国家严格控制粮食市场，严禁私商自由经营粮食。继1953年11月，政务院发布《关于实行粮食的计划收购和计划供应的命令》和《粮食市场管理暂行办法》后，又颁布了《关于全国实行计划收购油料的决定》、《关于实行棉布计划收购和计划供应的命令》、《关于实行棉花计划收购的命令》，对全国油料、棉布和棉花实行统购统销政策。再比如，对工商业采取的扩大私营工业的加工订货和产品收购以及组织银行对私营工商业发放贷款等措施，这样，通过对私营工商业采取有计划的加工、订货、统购、包销等方式，把私营工商业的生产与销售纳入了国家计划框架。随着计划机制作用范围的扩展，市场调节的作用领域急速萎缩，到1956年，生产领域中市场机制起主导作用的比重由1952年的51.3%下降到1956年的3.6%；批发商业中，市场机制起主导作用的领域的比重由1952年的36.3%下降到1956年的3.5%，零售商业中市场机制起主导作用的比重则由57.8%下降到17.5%。计划机制成为占绝对优势的资源配置机制，[5] 为实行大规模的计划经济做好了准备，也为承担全能型政府职能奠定了基础。

政府在完成这一时期的重点经济工作中，作为全国以六大区为最高一级的地方政府，其在经济恢复和重建中总体上发挥了积极作用。原因在于地方政府在大区建制下具有相对独立性的特点，与传统计划经济体制相比，这一时期，无论是行政管理体制还是经济管理体制，都使地方政府具有相当的自主性。

首先，从行政管理体制看，新中国成立初期划分的大行政区实质上是大战略区的延伸，这种体制是在国家政权尚未完全建立和巩固情况下的一种过渡，是战争年代向和平年代过渡的一种建制。战争年代的大区，由于战争造成的长期分割与不断流动，需要高度发挥地方主动性，所以其独立性相对较大。而新中国成立后，六大行政区域的划分，"基本上是依据解放战争中各野战军的作战区域和所解放的领土区域，保持了战争年代大区的相对独立性"。[6] 仅从立法权看，《大行政区政府委员会组织通则》第四条规定，"各大行政区人民政府委员会可以拟定与地方政务有关的暂行法令条令"，《省人民政府组织通则》也做了相关规定。可见，法律确认了地方政府在地方事务管理上相对独立的决策权。地方政府所拥有的这种相对独立的立法权随后在1954年颁布的宪法中被取消，转变为中央一级立法体制，这也意味着我国从法律上完全否认了各地方的特殊性和差异性，从而也就取消了地方的自主空间。

其次，从经济管理体制看，大区制时期虽然实行了"统一领导、统一管理"的制度，但是，大行政区作为地方最高行政单位，事实上，它有较大的财政批准使用权和对企事业进行管理的自主权。中央政府在统一的前提下，对地方仍留有机动余地，比如，农业生产，按农业部规定总方针，由地方政府负责具体的领导和组织；国营工厂，有一部分划归地方管理，称为地方国营企业；财政收入除地方税和附加粮油由地方支配外，税收超额以分成办法留在地方使用。可以说，正是由于地方政府具有的这些自主权力，才保证了地方政府的积极性和主动性，使地方政府能够迅速圆满完成所承担的恢复国民经济的任务，在新中国成立初期对于各地区恢复经济、稳定秩序起到了积极作用。但是，1954年中央取消大区建制后，其权力基本收到中央，地方政府的角色和作用转向了高度集中的计划经济管理体制时期。

第二节 "文化大革命"时期的三线建设与地方政府

中国是一个单一制国家，因此，地方政府在经济发展中的角色和作用不仅取决于国家经济管理体制，尤其是中央与地方政府之间的关系，事实上，国家所实行的地区经济发展政策也会对其产生直接的影响，这也反映在计划经济体制下"文革"时期的三线建设。

一、中国计划经济体制的确立

1954年，为了加强中央政府对经济建设的集中统一计划领导，中央撤销了大区行政委员会。随后，就在全国范围内确立了增设和加强中共中央和中央人民政府的各职能部门，以部门管理为中央领导地方的基本线索的体制。如，1954

年政务院改为国务院，设立64个部门，其中，经济管理部门占全部部门数的比重由1953年的47%上升到1954年的55%。1955~1956年，国务院机构又做了一次大调整，撤销重工业部和燃料工业部，增设了冶金工业、化学工业、建筑材料工业、煤炭工业、电力工业、石油工业、森林工业和第二机械工业八个部门，增设了经济、技术两个综合性职能部门。结果是按行业、产品设置的经济管理部门分工越来越细，机构越来越多，到1956年底，机构增加到81个。其中增加最多的是经济管理部门。这为计划经济体制下"全能型"政府职能的履行奠定了组织基础。

此外，1956年底，中国实现了对个体农业、个体手工业和民族资本主义工商业的社会主义改造。这些经济组织的活动在"三大改造"完成以后，统统被纳入统一的政府指令性计划之中，传统的计划经济体制基本确立，中国政府既完成了向"全能型"政府模式的转型，同时，也实现了向中央集权的政府经济职能模式的转变。

计划经济的主要特点是以单一的公有制为基础，实行高度集中的、以行政指令为主的、排斥市场机制的计划。这种行政指令计划是配置社会生产资源的主要方式。因而，在计划经济体制下，"全能型"政府承担了实行计划经济的责任，特别是中央政府以计划为核心，承担了经济运行主要推动者的责任。具体的作用主要体现在以下方面：

（1）中央政府负责全面的经济计划的制定，并负责监督和检查计划的执行情况。中央政府对全国人民代表大会负责，以总理为首脑，下设两个委员会负责协调与经济有关的活动。国家计划委员会对经济计划全面负责，包括拟订五年计划和其他中期经济计划；经济委员会检查年度计划的完成情况。此外，还设有不同部委负责对不同的领域或行业进行归口管理，即"条条"管理。同时，中央政府以下三个层次的地方政府也在完成中央的计划。第一个层次由省、自治区、直辖市构成；第二个层次是省和自治区下的大城市和专区；第三个层次是专区下的县和小城镇。中央政府对三个层次地方政府的管理，即"块块"管理。原国家计委制定的计划最终可以通过中央政府主管的部委以及中央政府以下三个中间层次的行政机关贯彻下去。一般的情况是，中央政府把国家计委制定的计划作为一个个指令下达给所属的部委和中间层次的行政机关,通过它们最终传递给基层的生产单位——工厂和公社。

(2)中央政府负责资源的全面配置。计划经济体制下建立起来的庞大的政府组织结构,承担了资源配置的重要功能。具体地说,是由各行政主管部门按照各种各样的计划指标、行政隶属关系和指令在全社会范围内进行配置。以企业生产中所需要的投入品以及产出均按计划方式进行分配为例。①企业所需的物资供给由政府控制,具体通过按行政系统设立的物资管理和商业流通机构调配。企业通过配额供货、直达供货和自行购买三种形式取得生产资料,企业的自主决策权极小。②劳动力供给由按行政系统设立的劳动管理部门调配。企业用工必须按行政隶属关系向劳动部门申请,劳动者就业也必须服从行政机构和劳动部门调配,已就业职工要转换供职单位,则需要经过进出单位所属的主管部门和劳动部门批准。③企业产品一般不能直接进入市场销售给需要者,而是按物资分配、商品分类和行政隶属关系,由物资部门和商业部门统一调拨。④企业同样要通过纵向的行政隶属关系才能获得经营所需要的资金,具体通过向银行或主管部门递交申请,经批准后方能获得拨款和贷款。银行本质上也是等级行政机构。银行和财政的资金来源于个人储蓄、企业存款和企业上缴税利。企业之间、企业和其他经济主体之间没有直接的、横向的借贷关系。除了各级主管部门,任何经济主体不能成为投资者。

(3)中央政府决定个人收入分配的标准。计划经济体制下,个人收入分配分职工和农民收入分配两块。政府对职工的收入分配是严格控制的。职工获得的收入多少,与企业盈利或亏损无关,全国的职工几乎按照一个工资标准获取收入。农民的收入分配由所在集体按一定标准实施,政府对其控制相对宽松。

可见,计划经济体制下,从经济计划的制定到资源的配置,再到收入的分配等经济运行的各个环节,都由政府控制着。就其积极方面看,这种集中体制通过以中央各部门"条条"为主的垂直管理,使中央尽掌财政、行政等各项权力,同时,也把全国的经济活动都纳入中央计划。它对于当时财政经济状况的好转,集中全国的财力、物力、人力,完成大规模经济建设非常有利,起到了积极作用,但是其弊端也很明显。具体来说:

1）中央高度集权。主要表现在：从中央和地方的关系来说，政府组织经济活动的组织机构是以"条条"为主的政府行政部门，权力集中于"条条"之头，即中央政府属各部委，地方政府一般处于执行的地位，制约了地方经济发展的积极性。从政府和企业的关系来说，政府直接掌握了企业的生产经营权，企业成为政府的附属物，缺乏应有的自主权。这种政企合一模式限制了企业谋求技术进步和自身发展的积极性。

2）政企不分、政资不分、政事不分。①政企不分，即政企职责不分，企业以政府经济计划为准则，政府直接掌握并干预企业的人、财、物大权及供、产、销环节，多数企业不能成为名副其实的经济实体和市场主体。②政资不分，即政府行政管理权与政府的国有资产所有权不分。其实质是用处理行政问题的原则和方式来处理经济关系，用权力支配机制来组织和管理经济。③政事不分，即政府对教育、科技、文化、卫生等各项事业大包大揽，各事业单位无自主权，成为政府的附属品。

3）职能交叉重叠。在传统计划经济体制下，由于政府的行政权力和机构过分膨胀，政府各部门之间存在职能交叉、重叠的状况。导致效率低下，损耗了社会生产力。

4）政府管理经济方式的行政性。由于政府运用直接的计划手段组织经济运行，而不是按照经济规律运用利率、税率等经济杠杆进行管理，制约了市场机制在资源配置中的作用。

二、"文革"时期的三线建设

如前文所述，在传统计划经济体制下，我国地区经济发展是由高度集中的中央计划来组织和推进的，中央的计划决定着国家基本建设投资在各地区的分配。所以，国家的地区经济发展政策主要表现为中央政府包罗万象的宏观经济计划和生产力布局政策。地方政府的职责就是忠实地维护和执行中央计划，并被动地响应和组织实施。而在"文革"时期，对地方经济发展产生重大影响的国家地区经济发展政策则是三线建设决策的制定和实施。

三线既是一个区域概念，同时也包含着军事战略意义。其是由中国大陆的国境线依其战略地位的重要性（即受外敌侵袭的可能性）向内地收缩划分三道线。一线指位于沿海和边疆的前线地区；三线包括四川、贵州、云南、陕西、甘肃、宁夏、青海等西部省区及山西、河南、湖南、湖北、广东、广西等省区的后方地区，共13个省区；二线指介于一线、三线之间的中间地带。其中四川、贵州、云南和陕西、甘肃、宁夏、青海俗称为大三线，一线、二线的腹地俗称小三线。根据当时的中央军委文件，从地理环境上划分的三线是：甘肃乌鞘岭以东、京广铁路以西、山西雁门关以南、广东韶关以北。这一地区位于我国腹地，离海岸线最近在700公里以上，距西面国土边界上千公里，加之四面分别有青藏高原、云贵高原、太行山、大别山、贺兰山、吕梁山等绵延山脉作天然屏障，成为较理想的战略后方。

三线建设是新中国历史上党中央决策和实施的一项空前的经济建设战略。1964~1978年，在中国中西部的13个省区进行了一场以战备为指导思想的大规模国防、科技、工业和交通基础设施建设，称为三线建设。它历经三个五年计划，投入资金2052亿元，投入人力高峰时达400多万，安排了1100个建设项目。[7]

我国在1964~1978年这个特殊年代实施三线建设，在当时可以说有其必然性。首先，是来自于国际政治局势变化造成的战争压力。20世纪60年代初，中国周边面临着严峻的局势。1964年美国发动越南战争，战火燃到了中国的南部边界；1969年在珍宝岛发生中苏边境大规模武装冲突，苏共中央政治局讨论了用"外科手术式"核打击消灭中国内地核基地的计划，并打算联合美国进行；有美国支持的国民党也在叫嚣要"反攻大陆"。蒋介石加紧派遣武装特务对我国东南和其他沿海地区进行袭击，企图在东南地区建立大规模进攻大陆的"游击战走廊"；中印边境当时也很紧张，印度军队不断蚕食我国领土，在中印边境东西两段向我国发动武装进攻。这一切都直接威胁到中国的安全，因此，建设一个战略后方基地就成为当时的一种客观需要。

其次，也有来自于改变中国经济发展不平衡历史现状的考虑。我国是一个经济发展十分不平衡的区域大国，特别是东部地区与西部地区的经济技术文化水平存在很大的差距。新中国成立后，在中国经济如何快速发展的问题上，当时主要是学习苏联的经验，争取苏联的援助。苏联高级经济专家和政府首脑曾经提出：

中国的经济建设要想快速发展，必须集中在沿海和东北地区搞建设。1953 年，我国开始实施"一五"计划。"一五"计划是以苏联援建的 156 项工程为中心展开的，如果按照苏联方面的意见，将把援建中国的项目集中在中国的东北和靠近沿海的一些大中城市。这样做，工业建设的各方面配套条件较好，企业上马快，效果明显。但是，在经济建设问题上，毛泽东认为要考虑中国的实际，如果把 156 项工程全部集中在东北和沿海大城市，对中国工业的均衡布局和国家建设的全面展开显然是不利的。他说：我国全部轻工业和重工业，约有 70% 在沿海，只有约 30% 在内地。这是历史上形成的一种不合理的状况。沿海的工业基地必须充分利用，但为了平衡工业发展的布局，内地工业必须大力发展。在毛泽东的决策下，我国经济建设布局中，西部地区的发展被放在了十分重要的地位。比如，"一五"和"二五"期间，几乎没有工业基础的西部地区建起了一批轻、重工业。其中钢铁、电力、煤炭、石油、有色金属、兵器、航空、建材、电子电气等企业初具规模，并且初步形成了相互衔接关系。

可见，在国家经济建设布局问题上，立足于中国实际，从国家经济的长远、全面发展考虑，增加西部地区投资，实现均衡发展是当时党中央决策的一条基本思路。这样，实施三线建设就有其历史必然性。

三、三线建设与地区经济发展

如前所述，1964 年开始的三线建设是由于当时国际政治局势的变化，党中央基于国防战略考虑而对我国地区经济发展政策做出的重大战略决策，它的实施也体现了我国地区经济均衡发展的思路，这对各地方经济发展产生了重要影响。

在地区经济发展布局政策的目标取向上，我国从 1958 年开始，就提出了各个地区都要建立独立完整的工业体系和经济体系的政策方向。于是，全国各地的建设项目星罗棋布，全国新建项目总数高达 20 万个，新建的工业基地数以万计。为了加强各地区之间的协作，又以行政区划为单位，把全国划为东北、华北、华东、西南、西北、华中、华南七个经济协作区。在投资上实施均衡布局，并增加西部地区的比重。比如，"二五"期间，全国基建投资 1206 亿元，东部占 36.7%，西部占 31.2%；1963~1965 年全国基建投资 140 亿元，东部占

33.7%，西部占 33.6%。

1964 年开始的三线建设，虽然主要是为了战备需要，但事实上也是我国生产力向西布局的一次战略大转移。在三线建设时期，按照战略资源向西部和西南地区转移的原则，从 1965 年起，我国开始把沿海一些工业企业向西部和西北地区搬迁，当年新建项目则大多集中投放在西部地区。如，1965 年的基本建设总投资 133.99 亿元中（中央投资 89.7 亿元，地方投资 44.29 亿元），三线建设占 42 亿元，约 1/3。经过生产力布局的大转移，在整个三线地区基本建成了以国防科技工业为重点，交通、煤炭、电力、钢铁、有色金属工业为基础，机械、电子、化工为先导，门类比较齐全的工业体系，大大促进了三线地区的工业发展，初步改善了我国工业东西布局不合理的状况，增强了我国的经济实力和国防力量。

特别值得指出的是三线建设中的"小三线"建设的思路，促进了地方政府在地区经济发展中发挥积极作用。所谓"小三线"建设的思路是：各省特别是进行三线建设的各省，再建设成本省自成体系的"三线"，这样，既可以使"大三线"与"小三线"两个体系环环相扣，形成一个大系统，也可以将三线建设深入到中小城市、县城乃至乡村，使我国形成支持长期战争的工业基础。从 1970 年起，中央开始对三线建设项目实行优先安排、重点保证的原则。在此原则的指导下，全国的三线工程建设全面铺开，各省自筹资金搞的"小三线"建设也随之全面铺开。可见，三线建设不仅在宏观上达到了使国家经济布局大体合理的目的，而且在微观上也形成了地方工业的完整、配套的体系。客观上也为西部地区在改革开放后开展的地区经济竞争创造了基础条件。

总之，"文革"时期的三线建设，一方面，保证了我国生产力布局由沿海向内陆的不断拓展，在一定程度上促进了内陆地区的资源开发和经济发展，保持了各区域大致均衡的发展；另一方面，由于对地区分工考虑不足，从经济角度出发，生产力的均衡布局在相当大的程度上必然会影响国民经济发展的整体速度和效益。而且"小三线"建设也形成了各地区工业结构的趋同状况，容易造成资源浪费，从而也会降低效益。

第三节　改革开放以来地区发展差异与地方政府

经济体制是经济管理的具体制度，反映的是社会经济资源的配置方式。总体而言，改革开放以前的地方政府，在中央政府高度集权的计划经济体制下，处于执行中央计划的执行者地位，扮演着执行者的角色。在这种条件下，中央政府确立的国家地区经济发展政策，直接影响着地区经济发展状况。事实表明，在均衡发展思路的指导下，我国地方经济发展基本形成了一种均衡发展的态势。但是，改革开放以后，在市场化取向改革的推动下，随着社会主义市场经济体制的确立和国家地区经济发展政策的调整，在地方政府主导下，中国经济发展迅速，并出现了明显的地区差异。

一、经济体制改革与地方分权

1978 年党的十一届三中全会以后，中国开始了完善社会主义制度的改革开放进程。在经济体制上，主要是改革传统的计划经济体制，逐步建立社会主义市场经济体制。

对经济管理体制改革，我国采取了使坚信计划经济体制的许多人容易接受的逐渐过渡的方式。先允许市场发挥补充的作用，即坚持"计划经济为主，市场调节为辅"。1984 年 10 月，党的十二届三中全会通过了《中共中央关于经济体制改革的决定》，又把"有计划的商品经济"确定为改革的目标。指出我国实行的有计划的商品经济，不是那种完全由市场调节的市场经济。完全由市场调节的生产和交换，主要是农副产品、日用小商品和服务修理行业的劳务活动。但是，"有计划的商品经济"模式还没有突破计划经济的基本框架，客观上也导向了一种政府计划与市场机制各管一块、互相对立的格局，因此，必须明确政府、企业、市场三者的关系。而为此所作的结论是党的十三大提出的"国家调节市场、市场引导企业"的经济体制改革目标。于是，20 世纪 90 年代以来，市场取向的改革逐步深入。特别是 1992 年 10 月，党的十四大确立了建立社会主义市场经济体制的改革目标，我国才跳出了转换管理权这样的浅层次改革，走向以政府的职责为基础来划分中央政府与地方政府权限的实质性改革。

从实践来看，我国采取的渐进式经济体制改革，最先开始于简政放权。1978 年召开的党的十一届三中全会指出："现在我国经济管理体制的一个严重缺点是权力过于集中，应该有领导地大胆下放，让地方和工农业企业在国家统一计划的指导下有更多的经济管理自主权。"于是，中央与地方经济关系的改革沿着中央向地方"放权"、"让利"的轨迹开始渐进性的调整和改革。

在下放权力的问题上，以往中央与地方经济关系的调整，主要是中央政府与地方政府在经济领域的行政管理权限的调整，没有触及政府与企业关系的调整，企业完全受政府控制，完全没有经营自主权。而 1978 年在中央与地方经济关系的调整中，开始注意政府对企业"放权"。所以，这次下放权力包括两方面。一是国家对企业放权。比如，1979 年推行的企业利润留成，1983~1984 年推行的"利改税"、1987 年推行的企业"承包制"，等等。使企业逐步向经济主体的身份转变。二是中央对地方政府放权。

中央政府为了调动地方政府的积极性，从计划、投资、财政、外贸等各个方面，层层向地方政府下放权力，使地方政府的经济管理权力和职能逐步扩大。尤其从 1982 年起，开始实行各种形式的财政包干，如"一年一定"、"五年一定"、"总额分成"、"分类分成"、"收入递增包干"、"总额分成和增长分成"、"上缴额递增包干"、"定额上解"、"定额补助"等。[8] 使地方政府的财权和财力大大加强，地方政府作为一级利益主体开始逐步形成。也就是说，地方政府有条件根据本地区的实际情况，研究和制定自己的经济发展战略和计划，并运用经济政策和经济杠杆来管理和调整本地区的经济活动。因此，经过多年的分权改革，地方政府权力空前增大。具体反映在以下几个方面：

（1）改革财政体制，扩大了地方政府的财权。地方分权的改革是以财政管理体制改革为突破口的。在江苏、四川两地试点的基础上，1980 年 1 月，国务院发出《实行"划分收支、分级包干"财政管理体制的暂行规定》，要求明确划分中央和地方财政收支范围。主要做法是：按照经济管理体制规定的隶属关系，明确划分中央和地方财政的收支范围,将收入划分为中央财政固定收入,地方财政固定收入和中央、地方的调剂收入,并根据核定的地方的收支基数,分地区确定地方固定收入、调剂收入的上解比例或定额补助数额。地方在这一比例和数额内,自行安排收支,自求财政平衡。1985 年 3 月,国务院决定,对各省市区一律实行"划分税种、核定收支、分级包干"的新办法,地方收入的分成比例或上解、补助数额,一定五年不变。可见,财政体制实行的这种财政包干,总体上是把过去的"一灶吃饭"改革为"分灶吃饭",其意图在于调动各地增收节支的积极性。实践表明,地方财政包干制赋予了地方较大的财政自治权,调动了地方发展经济、增收节支的积极性。

但是,20 世纪 80 年代所进行的改革,基本是以"包"为中心的改革,即财政大包干。包干法包死了中央财政,使财政收入与经济发展不同步增长,弱化了中央宏观调控职能,虽然地方政府的职能有所增强,调动了地方政府发展经济的积极性,但却强化了局部和地方利益。有的学者认为这种格局是一种"强地方、弱中央"的格局。[9] 为克服这种弊端,1992 年分税制改革开始试点,取代了财政包干制。从 1994 年开始,中央与地方在财政关系上正式实行"分税制"。分税制就是按中央与地方的事权,合理安排各级财政的支出范围,把税种分为中央税、地方税和中央地方共享税,并分设机构,分别征管,按照财权与事权相统一的原则,合理划分中央与地方的收入。这种以"事权"的划分为中心,把"事权"与"财权"两方面有机地结合起来,调整中央与地方关系的思路,基本走出了中央与地方单独分权的怪圈,在探索正确处理中央与地方关系上取得了显著成就。

(2) 改革投资、外贸、物资、金融体制,扩大了地方政府的事权。政府的事权也就是政府的职能。显然,"事权"不可能由中央政府全部包揽,应由中央政府与地方政府分摊。改革开放以后,中央逐步扩大了地方政府在经济管理上的事权。它包括:中央政府扩大地方政府固定资产投资和经济建设计划的审批权、外资审批权、外贸和外汇管理权、物资定价权,增加地方统配物资的品种和数量。比如,在投资上,我国投资体制规定,无论是政府投资还是企业投资都必须按限额实施审批,即一定限额以上的投资由中央政府或其主管部门审批,限额以下的项目则由地方政府自行审批。这就是说,地方政府负责审批的,中央政府不必对此进行过多的直接干涉。在金融上，由于金融是一个特殊的经济部门，我国经济发展的现状以及金融业发展的实际也要求对金融部门实施集中控制。因此，金融部门集中控制在中央政府手中。但是，改革开放以后，在先后恢复或新建若干专业银行，使中国人民银行在更好发挥中央银行调控职能的同时，逐步注意发挥地方人民银行的作用。物资体制在逐步缩小计划分配的范围后，推进了按经济区域组织供应的办法，对省区实行不同程度的包干，超产可以分成或基本上留给地方支配。在外贸体制上，也注意给地方一定的权力以调动其积极性。如，1985年规定了地方外汇留成办法。1988年3月，国务院就加快和深化对外贸易体制改革作出了新的部署：全面推行对外贸易承包经营责任制，主要由各省、自治区、直辖市向国家承包上缴国家外汇的任务和经济效益指标。

（3）改革立法体制，赋予地方制定地方性法规的权力。我国的立法权在改革开放以前完全集中在全国人大，中共十一届三中全会后，对这种立法体制进行了重要改革。1979年全国人大五届二次会议通过重新修改的《中华人民共和国地方各级人民代表大会和地方各级人民政府组织法》规定，省市区人民代表大会及其常务委员会根据本行政区的具体情况和实际需要，在不与国家宪法、法律、政策、法令政令相抵触的前提下，可以制定和颁布地方性法规，并报全国人大常委会和国务院备案。1982年，全国人大五届五次会议全面修改《宪法》，对立法权限的划分做了进一步改革。在地方立法权限上，规定省、自治区、直辖市人大及其常委会，在不同宪法、法律、行政法规相抵触的前提下，可以制定地方性法规。之后，全国人大及其常委会又通过修订《中华人民共和国地方各级人民代表大会和地方各级人民政府组织法》，扩大了省区的人民政府所在地和国务院批准的较大的市的立法权限。

二、改革开放以来的地区发展差异

改革开放以前，在计划经济体制条件下，由于我国生产力布局总体上是一种以国家投资向内地倾斜为基本特点的平衡发展战略，这一战略的实施极大地推动了中西部地区经济发展。1953~1978年东中西三大地区GDP的平均增长率为5.75∶5.73∶6.18，在一定程度上缩小了东西部地区经济发展的差距。但是，如前所述，1978年改革开放以后，随着地方分权改革的推进，地方政府权力空前增大，地方利益日趋突出，从而改变了传统的地方政府作为中央计划执行者的角色，使地方政府获得了区域经济发展中的主导地位，并催生出大量地方化的区域经济发展模式。诸如改革开放以来全国范围内所形成的"苏南模式"、"珠三角模式"、"温州模式"等，即使欠发达的地区当时也出现了备受关注的发展模式，如内蒙古"金三角"地区的"鄂尔多斯模式"。可以说，地区经济发展呈现出如此大的差异，主要是由于国家区域发展理论、中央政府政策的差异和改革开放的程度不同驱动了地方政府的行为。

（一）改革开放后的区域发展战略

中共十一届三中全会后，我国对原有的平衡发展、"均衡"布局理论和政策进行了反思，在布局政策目标取向上，以"效率"逐步取代"均衡"，以东、中、西三大经济地带的划分为基础的"梯度"布局理论逐步形成，成为生产力布局和地区经济建设的理论基础。在战略上明确了以提高国民经济整体效益为优先目标的效率优先的指导思想，鼓励一部分有条件的地区先发展起来。尤其1992年初，邓小平同志南方谈话，进一步提出了地区经济发展的新思路，指出"一部分地区有条件先发展起来，一部分地区发展慢点，先发展起来的地区带动后发展的地区，最终达到共同富裕"。在以效率为导向的不平衡发展战略的指导下，从"六五"开始，我国在地区布局上，按照东、中、西三大地带序列，分阶段、有重点、求效益地展开生产力布局。首先，国家投资重点东移，大幅度提高了沿海地区投资的比重。比如，在国家的基本建设投资总额中，沿海地区的比重由1978年的不足40%上升到1994年的55%，而对内陆地区的投资则相应从51%下降到36%。此外，1988年，中央进一步明确了沿海地区以发展外向型经济为主的战略指导思想后，又从财政、信贷、投资政策等方面向沿海地区倾斜。这样，东部沿海地区经济得到迅速发展，也带动了全国经济的持续高速增长。在这一过程中，地区间经济发展差距也在不断扩大。

在如何解决沿海与内地差距的问题上，邓小平同志曾指出"要避免两极分化，可以设想，在本世纪末达到小康水平的时候，就要突出解决这个问题，到那个时候，发达地区要继续发展，并通过多交利税和技术转让等方式大力支持不发达地区"。在这一思想的指导下，为了控制我国区域差异的进一步扩大，保持各地区经济的协调发展，20世纪90年代中期以来，地区经济协调发展逐步成为我国地区经济发展战略的指导思想，并采取了一系列政策措施。在国家投资与布局、财政政策、扶贫政策等方面，逐步增加对中西部地区的支持，从而又加快了中西部经济的发展。1996年中西部的投资增长率已高于东部地区，特别是中部地区的安徽、江西、河南、湖北四省，从1994年开始，经济增长速度明显加快。1996年，湖北、山东的工业增长速度并列全国第一，安徽、河北并列第二，江西第四。

但是，在中部地区与东部地区差距相对缩小的同时，西部地区、东北地区与全国其他地区的差距仍然在扩大，1994~1998年，西部地区占全国GDP总的比重由14.51%下降为14%，人均GDP与全国平均水平的比值从0.63降为0.60。东北地区GDP和工业增加值也均由改革开放初期的近15%和20%下降到10%以下。于是，世纪之交，党中央做出了西部大开发的战略决策，我国自1999年实行西部大开发战略以来，国家对西部地区的投资力度不断加大，使得西部省份经济快速地增长，2003年，内蒙古自治区的经济增长率、固定资产投资增长率等指标列全国首位。继西部大开发战略实施之后，党的十六大又提出支持东北地区等老工业基地加快调整和改造的部署。2003年10月，国务院发布了《关于实施东北地区等老工业基地振兴战略的若干意见》，使东北三省经济增速开始加快，2008年，东北三省地区生产总值占全国比重比2007年高出0.14个百分点，进一步推动了我国地区经济协调发展。由此可见，国家实施的区域经济发展战略，对各地区经济发展产生了重要影响。

（二）改革开放后的地区经济发展政策

改革开放以后，我国的对外开放是逐步由南向北、由东向西推进的。先后设立了深圳、珠海、厦门、汕头等经济特区，海南设省成为我国最大的经济特区，相继开放了14个沿海港口城市和珠江、闽南、长江三角洲，山东、辽东半岛以及一批内陆的沿江、沿边开放城市，并相继建立了32个经济开发区和52个高新技术开发区。对不同的地区，在中央对地方政府实行普遍性"放权让利"的同时，先后又进行特殊放权，实行了区别对待的经济政策。在地区经济发展政策上，主要包括投资政策、财税政策、外贸外资和金融政策等方面，它们在各地区有所不同，并且随着国家区域发展战略的转换而适时地进行了调整。比如财政政策，我国在20世纪80年代实行的各省区"分灶吃饭"的财政体制改革过程中，为了稳定中央和地方的财政关系，调动地方的积极性，国务院决定在1988~1990年对不同地区采取六种包干办法。一是收入递增包干方法。是以1987年决算收入与地方应得财力为基数，根据实际情况，确定地方收入递增率与留成、上解比例。实行这种方法的有北京、河北、辽宁、沈阳、哈尔滨、江苏、浙江、宁波、河南、重庆十个省市。二是总额分成方法。是根据1986年、1987年的财政收支状况，核定收支基数，以地方支出占总收入的比重，确定地方留成与上解中央的比例。实行这种方法的有天津、山西、安徽三个省市。三是总额分成加增长分成方法。是在总额分成方法的基础上，收入比上年增长的部分，另加分成比例。这种方法在大连、青岛、武汉实行。四是上解额递增包干方法。是以1987年上解中央的收入为基数，每年按一定比例递增上交。这种方法在广东、湖南实行。五是定额上解方法。是按原来核实收支基数，收大于支的部分，确定固定的上解数额。这种方法在上海、山东、黑龙江实行。六是定额补助方法。是按原来核定的收支基数，支大于收的部分，实行固定数额补助。这种方法在吉林、江西、甘肃、陕西、福建、内蒙古、广西、西藏、宁夏、新疆、贵州、云南、青海、海南等省区实行。[10] 但是，这些做法在增强地方财力的时候，相应地降低了中央政府的财力。因此，为了增强中央财政的调控能力，1994年全国进行税制改革，新税制改变了中央与地方的收入分配格局。新税制后，在全国财政收入中，中央和地方之比由1993年的22∶78改为1994年的55.7∶44.3。中央财力的增强，为实行规范的中央财政转移支付制度奠定了基础，因此，20世纪90年代中期后，财政政策转向支持中西部以及东北老工业基地等地区经济的发展。

总体来说，改革开放后的地区经济发展政策，是与国家发展战略紧密相连的，大体经历了先向东部沿海开放城市和经济特区倾斜，然后向中西部地区再向东北地区实行一定程度的倾斜这一过程。通过政策的调整，使一些条件较好的地区发展得快一些，从而带动全国经济的更快发展，改革开放以来的实际情况正是如此。

三、区域经济发展与地方政府的历史作用

如前所述，改革开放以来，正是由于地方分权改革以及国家经济发展战略和经济政策的调整，极大地提升了经济发展中地方政府行为的自主性，也形成了各地区经济发展的差异。而各地区经济发展差异又对地方政府的行为产生了重大影响，特别是东部沿海开放地区地方经济的快速发展，对广大中西部地区地方政府形成了巨大压力，进一步强化了地方政府发展地区经济的竞争意识，因此，回顾历史，可以看出，改革开放以来，我国经济获得举世瞩目的巨大成就，综合国力增强，人民生活水平显著提高，它反映的不仅是中央的正确决策，更重要的是反映了地方政府在经济发展中具有的不可替代的历史作用。

（一）落实和实施中央宏观调控政策，推动我国经济快速稳定增长

社会主义的基本任务是解放和发展生产力。但是，我国1957~1978年GDP和财政收入分别增长了3.3倍和3.7倍。20余年，人民生活一直处在"短缺经济"的困境。而1979~2000年GDP和财政收入分别增长了22倍和11.7倍，尤其是改革开放30多年来，GDP能保持年均增长7%以上的速度这一奇迹，在某种程度上也是因为地方政府的强大推动。改革开放后，党和政府的工作以经济建设为中心，政府承担起了经济发展的职能。但是，经验表明，在市场经济体制条件下，必须明确划分中央与地方政府的职能即"事权"。于是，在中央政府重点转向宏观调控后，地方政府随之也开始转向全面落实和实施中央各项宏观调控的政策、方针和措施，从而保证了我国经济的快速稳定发展。如，1988年9月，针对经济过热、通货膨胀急剧发展的情况，党的十三届三中全会提出了治理经济环境、整顿经济秩序的指导方针和政策、措施。主要采取了紧缩的财政和货币政策，包括紧缩投资、紧缩货币、紧缩信贷、紧缩财政、紧缩进口和控制消费、整顿市场等措施。经过三年的治理整顿，通货膨胀得到了有效的控制，流通领域的混乱现象得到整顿，经济秩序明显好转，最终使国民经济保持了稳定、快速增长。1993~1996年，GDP年均增长率为11.6%，年度波动幅度为1~2个百分点，没有出现大起大落，从而实现了国民经济运行的"软着陆"。这既表明中央政府的宏观调控职能发挥了重要作用，也反映地方政府责无旁贷地履行了自己的经济

职能，如果没有地方政府的具体实施，是无法实现宏观调控目标的。

（二）开展制度创新，降低了新旧体制转换的阻力和成本

改革是制度创新。新制度经济学认为，在市场主体、社会组织和政府等诸多创新主体中，政府在制度创新上拥有特殊的优势。"政府有能力以低于私人组织的成本进行某些活动"，从而使制度创新的组织成本和实施成本大大降低。[11] 回顾我国市场化改革的历程，改革从农村开始，家庭联产承包经营责任制先是安徽省的地方领导干部冒着风险，敢于尝试，终于得到中央肯定，才迅速在各地推开。渐进式改革方式，使得我国每进行一次大的改革，都有在一个点上试验先行的过程，地方政府扮演了制度创新的重要角色。如企业自主权的试点，从四川省开始；财政"分灶吃饭"的试点，从江苏省开始。此外，还有一些改革未经中央布点试验，而是由地方主动创新，也取得了成功。如股份合作制经济的发展，20世纪80年代末，当社会上还在激烈地争论市场经济姓"资"还是姓"社"的问题时，浙江省基于自然资源贫乏而有经商的传统优势，政府就一直在支持和保护民营经济的发展，形成了浙江私营经济的发展模式。此外，江苏乡镇企业的发展模式、广东外商合资经济的发展模式等，都是在局部地区先行突破的。这些地区的地方政府，或默许、鼓励地区内制度创新，或引进发达国家和发达地区的先进制度，对其他地区起到了良好的示范效应。"既避免了全局性失败的风险，又节约了学习者的实验成本，大大减少了整个社会实现新旧体制转换的阻力。"[12]

（三）发挥地区比较优势，克服了各区域产业趋同状况

古典产业布局理论认为，各个国家（区域）都有生产条件上的某种比较优势，如果他们利用各自的优势进行专业化生产，通过贸易进行交换，会使各地的资源、劳动力和资本等生产要素得到最有效的利用。回顾改革开放以前的中国经济布局，大体上形成了各地区工业完整、配套的体系，造成全国性的产业雷同和生产能力的过剩。但是，地方分权改革后，赋予了地方政府"因地制宜"的灵活性。地方政府在推动经济发展时，开始注重从本区域的自然禀赋、比较优势出发来发展经济，把区域内的资源优势转化为经济优势。大力发展"特色经济"、地区"优势产业"就是地方政府增强地方竞争力而在制定地方经济战略规划中确立的主导思想。各地方政府，通过制定切合当地实际的地区中长期经济战略规划，并付诸实践，取得了稳定发展，如全国范围内形成的"苏南模式"、"温州模式"、"顺德模式"等，可以说，没有各地方政府的战略主导是难以形成地区发展优势的。在一定程度上，克服了我国各地区产业趋同状况。

（四）提供地区公共产品，保障和促进了经济发展

经济发展是一个社会的系统工程，持续的经济增长离不开良好的经济环境。在创造良好的经济增长环境上，政府有着不可推卸的责任，尤其是提供全社会需要的公共产品，是政府在市场经济条件下具有的一项重要的经济职能。改革开放以来，在中央政府与地方政府划分"事权"的条件下，地方政府主要承担着提供保障地方经济持续增长的地方公共产品。回顾改革开放后我国的经济增长，离不开各地区地方政府积极地增加对基础设施、教科文卫等公共产品的投资。而且，其投资比重随着地方经济实力的增强也在逐年增长。从现实看，无论是较发达地区或欠发达地区，地方铁路、地方公路、通信设施、环境保护设施以及农田水利工程都有很快发展。许多地区已经先后做到了乡乡通路、村村通电。有些地方政府在"经营城市"理念的指导下，城市面貌大大改观，道路、交通、煤气等公用事业和公共住房突飞猛进，不断涌现出一批批全国"文明城市"、"卫生城市"，这些成就都凸显了地方政府在经济发展中的积极作用。

本章注释

［1］李文良等.中国政府职能转变问题报告［M］.北京：中国发展出版社，2003.

［2］毛泽东.毛泽东选集（第2卷）［M］.北京：人民出版社，1991.

［3］国家统计局.我国的国民经济建设和人民生活［M］.北京：统计出版社，1958.

［4］乔榛.中国地方政府规制改革研究［M］.北京：经济科学出版社，2006.

［5］高萍.经济发展新阶段政府经济职能的创新［M］.北京：中国财政经济出版社，2004.

［6］［10］熊文钊.大国地方——中国中央与地方关系宪政研究［M］.北京：北京大学出版社，2005.

［7］霞飞.毛泽东在上世纪六十年代的一个重大战略决策［J］.党史纵横，2008.

［8］李培育.论中央与地方关系及相关的财政关系［J］.管理世界，1994（4）.

［9］胡鞍钢，王绍光.中国国家能力报告［M］.沈阳：辽宁人民出版社，1993.

［11］何显明.市场化进程中的地方政府行为逻辑［M］.北京：人民出版社，2008.

［12］易重华.中国地方政府转型［M］.北京：中国社会科学出版社，2008.

第五章　地方政府主导作用与区域经济发展的实证研究

　　国内有学者将政府主导界定为政府在经济运行和发展中发挥的"定向"、"导向"和"协调"作用,即政府一方面通过决策的方式为经济的发展确定目标和努力方向;另一方面,以强有力的手段积极介入经济运行使经济发展实现确定的目标。如果这种定向和导向作用主要由地方政府来发挥,那么就是地方政府主导。[1] 改革开放以来,我国 GDP 保持了年均 7% 以上的增长速度,这种快速发展,虽有改革开放所激发出的活力和我国自身比较优势的显现等方面的原因,但是,笔者认为,在多种因素中,地方政府主导更是一个关键性的因素。本章将从实证角度,以长江三角洲、珠江三角洲、内蒙古"金三角"三个地区经济发展的经验为例,进一步研究地方政府在经济发展中的主导作用。

第一节　长三角地区地方政府主导经济发展研究 [2]

　　长三角是指长江三角洲地区,地域范围涉及上海、江苏和浙江。共有 16 个城市,即上海、南京、扬州、镇江、南通、泰州、苏州、无锡、常州、杭州、嘉兴、湖州、宁波、绍兴、舟山、台州。

　　长三角在全国是经济发达地区,其经济的快速增长也是在改革开放之后。据有关资料显示,1978~2003 年,上海、江苏、浙江的 GDP 年均增长速度分别为

9.3%、12.3%、13.1%（按可比价格计算）。2002年，除台州外，长三角其他15个城市人均GDP首次超过了3000美元（按现行汇率计算）。这些发达地区经济高速增长的原因何在？从这一地区地方政府的一些经济行为来看，笔者认为，地方政府的主导在地区经济增长中具有关键意义。以下四种经济行为较有代表性。

一、通过地方发展战略规划建立地区竞争优势

"战略"一词，原是军事术语，引申到其他领域产生了政治战略、科技战略、文化战略等。经济发展战略具有丰富的内容，包括经济发展所要达到的目标、所要掌握的重点和所要采取的措施等。规划是战略的进一步细致化和具体化，以发展战略为依据。地方发展战略规划是地方政府根据地区客观存在的自然、资源以及社会、文化条件等因素的优劣势，分析判断而对地方发展做出的根本性谋划。

发展战略决定着地区在未来一定时期内的基本走向，对地方经济发展具有全局的、根本的、长远的指导意义。由于各地条件不同，不同地区有着不同的优势。对此，社会劳动的地区分工理论认为，各个地区客观存在的自然条件（如气候、地理位置等）和资源条件（如土地、矿藏等）以及社会、文化条件（如民族、教育程度等）的差异，在产业发展上有优势和弱势，必须有所取舍，从而形成一定的地区分工。因此，准确定位地方发展战略，增强地方竞争优势，推动经济增长，是地方政府主导作用的一种表现。要求地方政府在国家的区域经济发展政策的指导下，制定和实施切合当地实际情况的经济发展战略和相应的中长期规划，为地方经济的发展选好目标、重点和具体部署。

改革开放以来，经过放权让利，权力和利益走向分层化、多元化，地方政府逐渐成为一级政权机构，代表着本地区的总体利益，积极参与国际、国内分工，发挥地方政府在提高地区竞争力中的定向、导向作用。而地方政府主导地区经济发展，在很大程度上是通过制定经济发展战略规划来实现的。通过经济规划，地方政府确立一定时期内本地区经济发展的基本方向和趋势，明确产业结构调整的基本方针，并安排经济部门及各产业的发展顺序和速度，为社会提供权威性宏观经济信息。经济规划对政府部门起指示作用，有一定强制力；对民间企业则起诱导作用。总体来看，经济发展战略规划的制定上，从"九五"计划以来，地方政

府已经改变原来不同程度上存在的随意性和模仿性,地方经济发展的个性却有所增强。这里以义乌地方政府在规划当地经济发展中的主导作用为例。

改革开放前,义乌是一个贫穷落后的农业小县,如今已发展成为一个以小商品流通和制造中心为主的全国经济强市和世界商贸名城。在总面积为1105平方公里的土地上,建成了52平方公里的城区。预算内财政总收入由1991年的1.07亿元增加到2004年的29.54亿元。2004年,实现GDP 282亿元,城镇居民可支配收入17153元,农民人均纯收入6969元;社会经济综合发展指数名列全国百强县中的第17。目前,义乌市场被联合国与世界银行等机构称为"全球最大的商品批发市场"。义乌取得如此巨大的经济成就有多方面原因,但政府的主导作用也是关键性因素,义乌地方政府对地区发展战略做了准确的定位。

改革开放后,义乌地方政府针对义乌资源不足,但人们经商意识强并且商业经济初具规模的特点,提出了兴商建市、依商建市的战略。为此,规划和实施了宾王等几个专业批发市场及国际商贸城的展贸市场等项目,在全国率先创办小商品市场。后经多次扩建,市场经营面积现已达100万平方米,商铺40000多个,从业人员8万多人,包括了28个大类10万多种商品,年成交额连续11年居国内同行榜首。20世纪90年代,随着我国改革开放的深入,义乌地方政府在继续把商贸业确定为主导产业的同时,进一步提出了以商促工,以工促商、工商联动的发展战略。为此又规划和实施了多个工业园区经济项目,有1个经济开发区、5个工业园区、7个特色工业小区。先后批准进区企业共724家,其中进区施工企业412家,建成投产企业237家,完成固定资产投资23亿元。现在,义乌已形成十二大优势产业,其中,饰品占全国总产量的65%以上、袜业占35%以上、拉链占30%以上。文化用品、毛纺、化妆品等专业园区的建设也在进行中。根据有关资料显示,义乌目前共培育了2.5万家工业企业,发展了20多个具有世界市场影响力的小商品制造产业,形成了针织袜业、饰品、服装、工艺品、拉链、化妆品、玩具等优势行业。

二、通过设立开发区构筑地区经济的增长极

增长极理论是非均衡发展理论的代表,最初由法国发展经济学家佩鲁提出。

后来在其基础上,还引申出了点轴开发理论和网络开发理论。佩鲁认为,经济空间由若干中心所组成,各种向心力或离心力则分别指向或背离这些中心。任何普通意义上的空间都由中心及传输各种力的场所组成。佩鲁把空间中心称为增长极。总的来说,增长极理论的核心是通过将资源优先配置于某些特定地区,形成集聚经济效应,具有能在短期内促进特定地区经济迅速增长的作用。增长极理论为地方政府确立地方发展战略时,选择优区位作为"增长极"并通过具有增长极的地区优先增长,带动相邻地区共同发展提供了一种有效的思路。改革开放以来,中国沿海发达地区经济的快速发展表明,各地区先后兴起的建设开发区在推动地方经济发展中发挥出了"增长极"作用。

开发区的含义,目前国内外还没有统一的概念。一般来说,开发区是指一个国家或地区为吸引外部生产要素、促进自身经济发展而划出一定范围并在其中实施特殊政策和管理手段的特定区域。

开发区是20世纪50年代出现在美国的一种经济现象,最初以科技园区、出口加工区的形式出现,随后被世界各国和地区所效仿。20世纪80年代以来,随着改革开放政策的实施,以经济特区、沿海经济技术开发区为标志的开发区热开始在中国掀起,发展至今,其存在形式有经济技术开发区、出口加工区、保税区、边境经济合作区、旅游度假区、高新技术产业开发区等。这些不同形式的开发区常常能为企业集中、产业集聚提供良好的资源整合平台。

因为市场经济是一种竞争性经济。对于地方而言,地方竞争力的基础是企业竞争力。就是说企业竞争力在地方竞争力中处于核心位置。但是,企业作为区域经济发展的主体,为了提高自身发展的绩效,必然要进行区位选择。虽然不同企业的区位选择偏好具有差异,但也存在着普遍性的区位需求偏好。主要有以下因素:①有利于接近国际市场的地理区位,是指一个国家的沿海或者边境地区,以及国际交往密切的国际性城市和区域中心城市。②有利于接近高素质低成本劳动力和智力密集的地理区位,是指一个国家或者区域内教育发达、科研机构密集、劳动力资源丰富的地区。③具有优惠投资政策和完善的经济制度的地理区位,是指具有完善的市场经济制度的国家中,具有特别的投资优惠政策的区域,目前新兴市场经济国家的开发区正在成为吸引投资的热点区域。④投资环境良好的地理区位,是指具有完善的基础设施、高效的社会服务体系和优良环境条件的区位。⑤资本富足、消费潜力大的地理区位,是指一个国家或区域内经济相对发达、观念开放、金融体系完善的区域(王兴平,2005)。这些不同行业企业对区位条件的要求和选择,为地方政府吸引企业投资和产业发展提供了契机,地方政府通过设立开发区,构筑适合企业入驻的软硬环境,凭借优越的基础设施环境和优惠的政策,吸引企业入驻、产业集聚,促使开发区成为地区经济的增长极,带动区域经济增长。

改革开放后地区经济发展的事实证明,开发区是促进区域经济发展强有力的"助推器",但在我国开发区建设中,基本上是由政府规划、投资和建设,以政府或政府授权机构经营管理的,是地方政府利用空间形态推动区域经济和引导企业发展的一种有效手段。即所谓的"政府搭台、企业唱戏"。长三角是开发区最密集的地区,这里选取无锡地方政府开发区建设为例。

无锡最早的开发区于1992年6月由市政府设立,为无锡国家高新技术产业开发区。到1995年,在无锡高新区和无锡新加坡工业园快速发展的基础上设立了无锡新区。后来,经过对老开发区规模的扩大和创设新开发区,无锡地区拥有了3个国家级开发区、6个省级开发区、16个市级重点开放园区。此外,几乎各乡镇均设立了工业园或工业集中区。在这些开发区中,有的以工业、旅游业为主,有的以高新技术、出口加工为特色。其中,无锡新区规模最大。市政府在这些开发区建设运行中发挥了主导作用。

1992年,市政府首期投入了1000万元启动5.45平方公里的国家高新技术开发区。开发区设立了高新区管委会,并配备开发区党政管理人员,是当地政府的派出机构,党工委、管委会对开发区范围内的党务政务实行统一领导、统一管理,行使决策和管理权。开发区的主要领导均由市委任命和管理。海关、税务、工商、公安等政府各职能部门在开发区设立分支机构,为入驻企业提供服务。政府主要通过以下手段发挥主导作用:①在开发区建设用地上,市政府用行政权力和适当经济补偿(低价)向农民征用集体所有的土地,以作为开发区的基本资源。②在开发区建设上,成立开发区开发公司,政府以财政拨款或其他资金调拨方式投入,作为开发区启动资金或开发公司资本金。1995年隶属于无锡市人民政府新区管委会的新区经济发展集团总公司建立，注册资本15亿元。主要任务是作为新区开发建设的主体和投融资平台。总公司参与投资了新区内能源、通信、基础设施开发建设、软件设计等大批高新技术企业，拥有全资、控股、参股公司近40家。③在开发区招商引资上，政府通常根据投资项目的性质、规模和发展前景等，提供国家批准的开发区税收、外贸等优惠条件。尤其是土地转让价格和财政返还的优惠条件。政府主要领导也经常参与一些重大招商项目的谈判，承诺条件。

从一些数据来看，无锡市政府推动开发区的发展，对无锡经济发展和产业升级的影响是巨大的，尤其在吸引外资企业方面非常显著。比如无锡新区十几年来生产总值年均增长50%，技工贸总收入年均增长45%，财政收入年均增长70%。到2004年底，累计批准外资项目1151个，区内汇集了43家全球500强公司的投资项目。2004年开发区生产总值占全市的36.2%。显然，开发区在无锡全市经济总量中占了较大的比重。

三、通过控制和重新配置土地等基础资源提高资源利用效率

传统理论认为，土地、资本、劳动是影响经济增长的要素。美国经济学家缪尔森则把人力资源（包括劳动力的供给、教育、纪律、激励）、自然资源（包括土地、矿产、燃料、环境质量）、资本（机器、工厂、道路）和技术（科学、工程、管理、企业家才能）四个要素视为经济增长的四个轮子。美国经济学家丹尼森则把影响经济增长的因素分为两大类：生产要素投入量和生产要素的生产率。生产要素投入量包括劳动投入量、资本投入量和土地投入量。他把生产要素的生产率看作是产出量和投入量的比率，即单位投入量所实现的产出量。实际上，在社会经济发展的不同阶段，各种增长因素对经济增长作用的程度和贡献是不同的。比如，在以手工劳动为基础的传统农业社会中，劳动是促进经济增长的最重要因素，这时，人口的增长和劳动效率的提高就成为经济增长最重要的源泉。在工业化进程开始以后，随着机器大工业的产生和发展，资本积累曾一度成为制约经济增长的关键。在当代社会，人们认识到技术、人力资本、创新、制度等对经济增长的促进作用越来越大。总而言之，一个社会的长期经济增长，常常会受总

供给方面多种因素的影响。概括地说，它主要取决于生产要素的投入量和生产要素效率的提高。

在劳动、资本、土地及其他自然资源这些基础生产要素中，由于土地等资源的投入量较劳动、资本的投入量而言是不可变的，因此，当代社会通过提高土地等生产要素的效率自然成为经济增长的最佳选择。从现实看，我国私人产品生产所依靠的土地被政府所控制，地方政府是地区城镇土地等要素的所有者，对集体土地具有垄断性支配权，这就意味着地方政府作为土地要素的所有者，必然在发展地方经济活动的过程中居于主导地位。

改革开放以来，特别是20世纪90年代以后，出于经济增长和经营城市的目的，为发挥"低成本竞争"优势，各级地方政府基于行政权力，凭借体制改革后获得的对土地资源的处置权（土地转让权），常常通过对土地等经济资源的行政控制和准市场的配置，降低区域内企业交易成本，主导区域经济的发展方向。

即使在经济发达的长三角地区，由于工业化的快速推进，工业和商业用地日趋紧张，重新配置土地等基础资源以提高资源的利用效率，发挥土地要素在经济增长中的功能也必然是地方政府的一种主导手段。事实如此，长三角地区，政府通过规划指标和土地转让权的控制，既影响了地区内产业选择和企业发展，也获得了巨额的收入。

以杭州市为例。杭州市土地要素运作机制建立于1997年8月，实行两级管理体制。第一级是杭州市土地收购储备管理委员会。它是市政府土地运作体系的决策机构，由分管城市建设的副市长和副秘书长担任领导，成员包括市政府的计划、经济、财税、城建、规划、房管、土地管理等职能部门的负责人。其主要职责是：研究制定有关土地收购、储备和供给的规章制度和政策；审查批准土地储备中心的工作计划和重要的土地收购、储备和供给项目；协调有关职能部门之间的关系；对土地储备中心的工作进行指导和监管。第二级是杭州市土地储备中心。它隶属于市土管局，是土地储备体系的执行机构。是一个由城市政府授权对城市土地进行统一收购、垄断供应的非盈利的专门机构。土地储备中心的主要职责是：根据土地利用总体规划、城市规划和土地市场需求，制定土地运作计划；适时收购储备土地；对实施企业改制的存量土地进行收购；经营和管理市政府依法收回的违法用地、闲置抛荒土地和无主土地,并纳入土地储备体系;对收购储备的土地进行拆迁、整理和出让前的合理利用;对收购储备土地的组织预出让;筹集、运作和管理土地收购、储备和预出让资金。

对土地要素的具体运作也有相关的规定。《杭州市土地储备实施办法》规定,凡需盘活的土地,政府通过市土地储备中心一个"口子"收购储备土地后向市场供给,垄断土地的一级供给。根据现行土地管理法规,储备土地的供给方式可分为招标、拍卖、挂牌和协议出让。杭州市政府规定市区三级地段以内的土地供给使用权,用于房地产开发或经营性项目建设的,应通过招标、拍卖、挂牌的形式确定供给的对象。除了按规定必须以招标拍卖方式供给的地块外,其他土地使用权可以通过招标拍卖或者协议形式约定供给对象。2002年杭州老市区通过招标和挂牌出让土地36宗,面积1688亩,成交额为57.35亿元。2003年老市区通过招标挂牌出让土地63宗,面积5042亩,合同金额高达164.95亿元;通过协议形式供给土地5宗,面积390.348亩,协议金额4.71亿元,通过市场化形式出让土地的收益占老市区土地出让总收益的97.22%。这些资金推动了杭州市经济的发展。

在进行土地用途管理时,杭州市地方政府对重点建设工程和重大基础设施项目,高科技、高产出的生态性工业项目和区域发展至关重要的经济项目优先供地。对重点项目提前介入,参与论证,按照"控制总量、限制增量、盘活存量"的办法走集约用地的新路子。在招商引资时,政府一方面利用市场机制不使土地价值过度贬值,另一方面又以至少不高于全国平均水平的价格供给工业用地,力图降低资本进入成本,保持区域竞争优势。

四、通过垄断性的直接投资和经营公共产品促进地区经济发展

在公共产品领域,我国地方政府也担当着主角,直接投资的规模越来越大,在地区经济总量中的比重和影响力逐渐增大。这种经济行为的出现存在着客观必然性。

(1) 从公共产品自身来说,公共产品有别于私人产品,一般不以盈利为目的,不能依靠市场机制得到相应的发展,基本上属于"市场外部",主要靠政府

投资或以某种特殊政策来吸引社会投资。在中央与地方分权的条件下，地方政府在配合实施中央投资的公共产品之外，主要任务便是承担地方性公共产品的供给。

（2）从地方经济发展来说，地方经济的持续增长不是一个孤立存在的过程，而是在一定的社会环境中进行的、必须配以社会、政治和文化的协调发展。因此，地区经济增长离不开地方教科文卫等社会事业和基础设施的发展。公共产品对地方经济发展的基本意义就在于保障和促进地方经济增长，为地方经济提供良好的经济增长环境。

（3）从现实角度来说，随着中国改革的深入和经济的发展，地方政府承担的公共产品供给的任务日益加重。这有以下方面的动因：一是要还清所谓的"历史旧账"，消除原来滞后的"瓶颈"，争取超前。二是地方经济发展了，随着经济水平的提高，居民对公共产品的需求日益迫切。三是中国城市化战略的实施，促使地方政府介入到城市扩展活动中，通过城镇建设，获得控制或直接参与城市基础设施建设的机会，地方政府直接成了公共产品的供给者。四是实行分税制后，地方公共财政能力不断增强，更多更好地发展公共产品也有了可能。

上述因素促使地方政府在公共产品领域，凭借其不断增加的财力和长期以来对公共产品部门的经营垄断权，以行政管制或国有公司垄断经营的方式，大规模地经营公共产品，特别是投资与经济发展相关的公共产品项目，比如，城市基础设施，包括道路、电信、电力、园林、自来水和污水处理等。使一些基础设施和基础产业的增长加快了步伐。无论是较发达地区还是欠发达地区，地方铁路、地方公路包括高速公路、通信设施、环境保护设施以及农田水利工程都有很快发展。有些省区已经先后做到了乡乡通路、村村通电。城市更是如此，道路、交通、煤气等公用事业和公共住房突飞猛进，实现了"一年一个样，三年大变样"。这里以无锡的城市基础设施供给为例。

20世纪90年代以后，无锡为了保证经济总量的持续增长，同时为了加速城市发展，开始利用一切手段扩大基础设施建设。特别是2001年无锡被列入我国特大城市建设规划后，城市基础设施的建设更是快速推进。无锡固定资产投资完成额及基建投资额也可反映出这一点，如表5-1所示。

表 5-1　无锡固定资产投资完成额及基建投资额

年份	固定资产投资完成额（万元）	其中：基建（万元）
1996	2506959	525096
1997	2662870	573325
1998	2772222	464632
1999	3108154	473236
2000	3500963	528783
2001	4050050	761618
2002	5378011	1295366
2003	8933173	2804233
2004	11141332	4026891

与全国其他城市一样，无锡也是直接以政府投资和政府企业运行的方式大力改造和新建市政基础设施。其资金来源主要有：政府的财政拨款；政府控股企业的经营利润和银行融资；政府通过土地转让而获得的土地收益。其中，政府的财政支出仅占城市建设和维护费的20%左右，主要的资金来源于土地转让的收益。无锡市政府近年建立了土地储备中心、城市投资公司、交通资产经营公司、广电集团公司等，并建立了水务、燃气、市政、建工、房产、园林等下属公司。这些公司在政府的功能设计上，专门从事城市建设、经营与发展事务，它们通过获得城市各项自然、经济和社会的垄断资源，取得金融机构信贷资金，委托或自营建设项目，形成了城市建设的项目链及资金流。比如，2001年由市政府投资设立的城市投资发展总公司，是一家国有独资企业，当时由市财政拨款3亿元作为资本金，同时市地产办划拨给公司一些可用于商业性经营的土地作为资源，工商局也授权公司垄断经营一些商贸市场。政府赋予公司履行城市建设资金的筹融资和承办重大工程投资建设的职能。由此，该公司成为无锡最大的基础项目建设、经营和代为政府融资的大型企业。总公司成立以来，已承担了十余个市政建设项目。目前，无锡的城市基础设施建设已成为城市经济中一个特殊的和规模巨大的行业，这一行业基本上由政府及其控股的投资公司主导经营。

第二节 广东珠三角地区地方政府主导经济发展研究

珠三角地区位于广东省中南部，它主要是由珠江沿岸广州、深圳、佛山、珠海、东莞、中山、惠州、江门、肇庆九个城市组成的区域。珠三角的总面积为5616.39平方公里，占广东省总面积的23.4%，1993年底其人口为2056万人。改革开放前的珠三角地区也处于市场不发达、经济基础薄弱、产业比例失调、城乡分割，资金、技术、人才缺乏的状况。1978年珠三角地区工农业总产值为180多亿元。但是，改革开放以后，珠三角经济发展迅速，创造了高速增长的奇迹。1990年，其国内生产总值为2265.29亿元，占广东省GDP的70.2%，1980~1993年，GDP创造了年均增长17.8%的世界奇迹，[3]引起了国内外研究者的广泛关注。笔者认为，珠三角地区经济长期快速发展，不仅是由于天时地利、政策优惠等，而且地方政府在30多年的改革与发展中，通过积极的制度创新、确立符合地区实际的经济发展战略以及引入外部生产要素等自主性行为，在推动地区经济快速发展中发挥了关键的作用。

一、通过制度创新增强地区经济发展动力

"制度创新"是西方以诺斯为代表的新制度学派在研究社会制度变迁过程中提出的一个概念。诺斯在《制度、制度变迁与经济绩效》一书中指出：制度就是一个社会的游戏规则，更规范地说，它们是为决定人们的相互关系而人为设定的一些制约。在新制度学派看来，制度性因素对经济发展过程起着决定性的影响。同样的生产要素在不同国家经济绩效会出现巨大差异，从根本上讲，是由不同的制度安排所决定的。政府的主要职能就是制度供给、制度实施、制度裁定以及适时的制度创新。制度创新对经济发展的决定作用表现为：一是通过确定规则提高信息透明度，使各经济主体对其他经济主体的行为反应能做出准确预见。二是通

过产权界定塑造发展动力,使各经济主体的个别努力转化成私人收益率与社会收益率相等的、为经济发展所需的活动。三是通过正规法令规章和非正规的行为准则、道德规范和社会习俗影响市场机制的配置效率。四是通过对财产权利和知识产权提供保护,促进企业家的涌现和技术的创新。[4] 可见,制度创新的核心点在于:一种有效的制度安排能够大大降低交易成本,提高经济活动的效率。

过去我们往往强调的是资金的短缺和科学技术的落后对经济发展的制约,却忽略了政府制度创新职能对经济增长的促进作用。实践表明,改革开放以来中国经济之所以取得举世瞩目的成就,关键在于政府自上而下地进行了一系列制度创新。尤其是在改革开放过程中,地方政府为适应经济发展环境的变迁,积极承担了改革旧制度、创建新制度的职责和功能,通过制定有利于地区经济发展的新制度,进一步增强了地区经济发展的动力,从而推动了经济的快速发展。地方政府的这种积极的、主动的制度创新行为,从根本上说,是由于我国经济制度环境在20世纪80年代以来发生了有利于地方政府制度创新的变化。主要有三方面原因:一是我国立法体制由一级变为两级立法体制,这种调整为地方政府积极进行制度创新提供了直接的法律依据。二是地方分权改革和地方管理责任制的实施,增大了地方政府进行制度创新的动力和压力。三是我国渐进式的市场化取向改革,为地方政府"摸着石头过河"、大胆地试验、大胆地闯,积极进行制度创新提供了机遇。中国地方政府正是在适应这些环境变迁中,通过积极的制度创新,在经济发展中发挥了主导作用。广东是我国改革开放的先行省份,珠三角又是广东先行一步发展的成功地区,其制度创新具有典型性。因此,这里将以广东顺德产权制度改革为例。

顺德位于珠江三角洲腹地。在改革开放初期的1978年,其社会总产值仅为9.13亿元;工农业总产值为8.47亿元,其中农业占67.1%,工业只占32.9%。改革开放后,顺德地方政府及时把握机遇,短短数年间,兴办了大批乡镇工业,工业行业从原来的缫丝、制糖发展到以包括家用电器、金属制品、机械、纺织、塑料制品、服装、家具、食品等20多个行业为主体的现代工业体系,成为全国著名的轻工业品生产基地。从1983年起,乡镇工业产值一直占其工业总产值的半数以上。乡镇工业为主体的发展道路,使顺德一直以其集体经济发达而在我国著称。据 1993 年的统计,在顺德工业企业注册资本中,公有经济占 74%,外资占 24.7%,民间资本仅占 1.24%,公有经济占绝对优势。顺德实施的"以集体经济为主,乡镇企业为主,骨干企业为主"的发展模式,曾取得了相当大的成功,创造了一系列国内名牌产品,如美的空调、容声冰箱、万家乐热水器等。但是,同时也出现了许多问题。一是政企不分的现象,企业变成了政府的附属物。企业上新项目要由政府作担保向银行贷款,企业经营者不承担直接的经济责任。盲目投资,广铺摊子,重视经济的外延扩大,忽视内涵式发展。此外,企业领导制度不健全,"厂长经理负责制"成了"厂长经理所有制",结果是厂外有厂,账外有账,集体资产流失严重,出现了"个人负盈、企业负亏、政府负债"的现象。这些现象造成国有资产流失,企业效益低下,到 1993 年全市 197 家市属企业中,资产负债率高达 80%。对此,顺德领导层看到,"政企不分是一切问题的总根源"。认识到尽管集体经济力量雄厚,但在市场经济条件下,要使经济高质量、高效益地运转,必须对传统的产权结构进行改造,触动"产权"这个尚未有人敢碰的"禁地",建立适应市场经济的经营、分配机制。于是,顺德地方政府拉开了以产权制度改革为突破口,以转变政府职能为关键的改革序幕。

1993 年 9 月,顺德地方政府下发了《关于转换企业机制,发展混合型经济试行办法》,也称"28 条"或"35 条"(最初为 28 条,到 1995 年完善补充到 35 条)。明确提出要通过企业产权制度改革,"促进以股份制为主要形式的多种经济成分并存的混合型经济的迅速发展,建立适应市场机制的公有资产管理运营体制"。这是一份顺德企业与政府改革的纲领性文件。

根据"28 条",先对顺德公有制企业进行全面清产核资,委托中介机构进行资产评估,然后界定产权。根据原资产投资主体的不同身份,将企业资产界定为国有产权、地方政府产权、企业职工产权。产权清理以后,按照现代企业制度的要求,对国有和乡镇集体所有企业实行多种形式的改造。在改革中,以"抓住一批,放开一批,发展一批"的思路,将基础产业和高新技术产业改组为政府全资或控股企业,交由公有资产管理委员会下辖的投资公司经营;大多数企业则通过合作、转让、租赁、承包、拍卖等形式放开经营。经过三年改革,到 1995

年底，顺德公有资产的比重由 90% 以上降为 62%。以往出现的盲目贷款、盲目上新项目等现象得到了遏制，经济开始出现良性循环。与此同时，地方政府还实施了与产权制度改革同步进行的社会保障制度改革，从而保证了改革得以稳定、顺利进行。

顺德政府通过产权制度改革，不但激发了企业发展的活力，推动了地方经济的快速发展，更重要的是促进了地方政府职能的转变。产权制度改革意味着政府不再完全去管"不该管、管不了、管不好"的事，而要真正承担起提供公共产品和服务等应该干的事。因此，以产权制度改革为突破口，顺德地方政府适时地实现政府职能的转变。主要承担提供公共物品、建立社会保障机制等项职责。1994 年，顺德公路总里程达 1027 公里，成为全国公路密度最大的县市。全市的电话装机容量达 25 万台。自来水普及率达 98%。仅 1994 年就兴建公园 8 个，公厕 44 座，垃圾中转站 27 个，兴建改建中小学 55 所，新增派出所 13 个。[5]

顺德改革实践表明，改革开放以后顺德经济发展能一直位于全国"百强县"前列，这一成就与其地方政府率先进行产权制度改革等制度创新行为紧密相关。地方政府通过积极的制度创新，增强了地区经济发展动力，这是地方政府主导经济发展的一条基本经验。

二、通过确立和调整区域发展战略发挥地区竞争优势

根据比较优势理论，各国或各区域在经济发展中要注意发挥各自的长处和优势，才能增强自身竞争力。改革开放 30 多年来，珠三角地区经济的快速发展，与地方政府在决策指导地区经济发展战略时，能充分利用区域内外有利于经济发展的因素，形成具有自身优势的外向型发展模式，从而推动经济高速增长密不可分。

从有利于珠三角经济发展的优势因素看，主要有三大因素：一是珠三角具有历史悠久的对外贸易传统优势。历史上，珠三角是我国最早开展对外贸易的地区之一。早在秦汉时期，广州就成为我国南方的外贸中心，与许多国家建立了直接的贸易关系，形成了悠久的对外贸易传统。二是珠三角具有与国际交往的地理位

置优势。珠三角位于中国的南大门，珠江水系在三角洲港口众多，同时又位于太平洋西岸国际海运的中间，这样的位置有利于开展对外贸易。尤其是与中国香港、中国澳门这两个国际城市毗邻，历史上港、澳就与珠三角有密切的关系。三是珠三角具有中央政府实施的向特区倾斜的优惠政策的优势。1980年，我国正式设立深圳、珠海、汕头、厦门四个经济特区，赋予经济特区在经济管理方面的优惠政策。总之，以上优势是我国其他地区发展外向型经济所无法比拟的。珠三角地方政府准确地把握了这些优势，实践中大胆地确立了各自的发展战略。

改革开放后，珠三角各级地方政府以公共政策为手段，积极引导"外向型"为其经济发展战略，取得了明显成效。比如，在发展外向型经济政策方面，20世纪80年代广东颁布了30多项涉及3个经济特区（广州、湛江经济技术开发区及珠江三角洲开放区）的条例，外商投资和"三来一补"的具体政策和实施办法，货物进出口和人员出入境等管理法规、条例，给发展对外经济往来以更加优惠的政策。珠三角各级地方政府充分运用中央赋予广东的"特殊政策、灵活措施"，贯彻中央赋予经济特区、沿海开放城市、珠江三角洲开放区发展外向型经济的各项政策，实施以外资为主、经济结构以"三资"企业为主、产品以出口为主、外汇平衡并有结余的政策。并从本行政区实际出发，选择了适合自己的发展战略。比如，20世纪80年代东莞市提出了以外向型经济为导向，以商品农业为基础，以乡镇企业为依托，以"三来一补"为突破口的经济发展战略，走出一条有自己特色的农村工业化道路；顺德则提出了发展工业的三个为主，即以镇办工业为主，以骨干企业为主，以集体经济为主的发展战略。1991年顺德产值超千万元的企业达到220家，企业集团50多个，从而大大提高了地区经济发展竞争力。[6] 1979~1991年，珠三角累计利用外资达99.4亿美元，占广东的66.7%；引进国外先进技术设备100多万台（套），建成了近2万家技术设备先进、劳动生产率较高、市场竞争能力较强的骨干企业；兴办"三资"企业1.22万多家，发展"三来一补"企业2万多家。1993年，外贸出口总值达150.7亿美元，占全省的65.4%。[7] 不仅如此，珠三角地方政府在推动经济发展中，能随着客观环境的变化及时进行战略调整，保证了经济的持续增长。

1992年以后，我国确立了建立社会主义市场经济体制的改革目标，随着全国各地市场化改革的不断深入,加之中央开发开放上海浦东战略的实施,珠三角所享受的特殊政策逐步成了普惠政策,这意味着政策优势将逐步消失。同时,经过十多年经济的高速增长,外向型经济发展模式和传统的粗放型经济扩张使得资源与环境的承载能力之间的矛盾、以"三来一补"为主要内容的加工贸易所导致的外贸渠道外化与经济的稳定发展等问题初步显现出来,面对上述发展环境的变化,珠三角地方政府意识到必须转变地区发展思路,及时地调整了区域发展模式。比如,20世纪90年代以后,顺德调整了经济发展方针,提出新的"三个为主"。即以第二产业、第三产业为主,逐步提高第三产业的比重;以混合经济为主,逐步提高非国有经济的比例;以高而专的规模经济为主,逐步提高工业化水平。东莞提出以现代城市型农业为基础,以高技术工业产业为主导,三大产业协调发展,建设组团式、现代化的国际群落型都市的新发展战略。[8] 地方政府的这些行为对地区经济的发展起到了新的导向作用。

三、通过引入外部生产要素推动地区经济发展的市场化进程

在一般情况下,市场化程度可以说是衡量一个国家或地区经济发展水平的标尺。换言之,改革开放以来,中国各地区经济发展状况也是其市场化进程的直接反映。因此,笔者认为,珠三角经济的持续增长与地方政府大力推动本地区市场化进程息息相关。

从珠三角地区发展实践看,在地区市场体系的发育中,主要是通过引入外部生产要素,积极发展非国有制经济组织,以市场化为导向的非国有经济组织的成长和发展来推动区域内的经济改革,从而使得整个区域经济走上市场化的道路,最终实现了经济增长。

(1)改革开放初期,中央赋予地区发展的特殊政策,为珠三角地区吸引外来企业与资金奠定了良好的环境基础。使得珠三角地方政府适时地利用本地区劳动力与土地价格低廉的优势与在资金、技术、人才等方面有着优势的中国香港进行对接,成功实现了与中国香港、中国澳门的经济互补和利益共享,与中国香港形成了紧密联系、分工合作的"前店后厂"式区域经济发展格局,有力地促进了地方经济发展。正如有的学者指出,珠三角发展的实践表明,在引进外资的过程

中，不仅引进了先进的技术和设备，提升了产业结构，而且还引进了现代市场经济理念、科学的管理方式，提升了人力素质。更为有意义的是，外资经济的发展所发挥的体制示范与辐射效应，带动了区域内国有与集体经济组织的变革，有力地促进了区域内经济体制改革，人民的生活水平得以明显提高，使得其市场化程度至今仍然居于全国前列。[9]

（2）珠三角地区在我国国内也是较早推进政府职能转变的地区。地方政府在理顺政府与市场的关系问题上，改变了过去政府替代市场的局面，大力培育市场，还权于市场，逐步建立和完善市场机制，并在资源配置中发挥基础性作用。比如，从1979年开始，珠三角地区地方政府分阶段放开了商品价格，让市场定价机制充分发挥作用。此外，在实施市场定价的同时，大力培育金融市场、技术市场、人才市场、劳动力市场、房地产市场、证券市场。比如，在金融领域，珠三角地区大胆地探索各种融资方式，1991年成立的深圳证券交易所，为融资活动增加了新的活力。正因如此，20世纪90年代初，广东市场调节的比重达到了90%以上，这种市场化发展进程在其他地区是难以实现的，这也表明珠三角区域依靠价格机制的市场调节基本成熟，从而有力地促进了地区经济的快速增长和发展。

第三节　内蒙古"金三角"地区地方政府主导经济发展研究

内蒙古"金三角"地区，是由呼和浩特、包头、鄂尔多斯三市构成的三角区域。位居内蒙古中部，面积为10.2万平方公里，居住人口为540万人。此三角区所以冠以"金"字，一是号称"乌金"的优质煤储量丰富，全国第二。二是被誉为"软黄金"的山羊绒资源得天独厚，与丝绸一样被尊为"国宝"。三是金色的黄河流经腹地，灌溉便利，可耕可牧，"鱼米之乡"、"古河套"就在这里。[10]目前，呼包鄂区域在内蒙古具有明显的经济实力和区位优势，全区23个财政收入超 10 亿元的旗县（市区）中，"金三角"就有 15 个，在内蒙古占有核心地位，如表 5-2 所示。

表 5-2 内蒙古、"金三角"地区主要经济指标对比

年份	地区生产总值			财政收入		
	内蒙古（亿元）	"金三角"地区（亿元）	比重（%）	内蒙古（亿元）	"金三角"地区（亿元）	比重（%）
1999	1268.20	488.54	38.52	143.69	71.00	49.4
2007	6018.81	3526.83	53.2	1018.14	518.88	51.0

资料来源：1999 年《内蒙古统计年鉴》；2008 年呼、包、鄂三市经济工作座谈会，内部资料。

从表 5-2 中可以看出，2007 年，"金三角"的经济总量达到 3526.83 亿元，占内蒙古经济总量的 53.2%；财政总收入 518.88 亿元，占内蒙古地方财政总收入的 51.0%；已成为内蒙古发展的引擎，形成了内蒙古的经济增长极。特别是"金三角"区域中的鄂尔多斯市，近年来实现了跨越式的经济发展，全市 GDP 由 2001 年的 171.8 亿元迅速增加到 2007 年的 1150 亿元，年均增长了 38.3%。2016 年全市 GDP 为 4417.9 亿元，名列内蒙古盟市第一；人均 GDP 突破了 10000 美元，达到沿海发达城市的水平，从而引起了人们的广泛关注。国内经济界曾称之为"鄂尔多斯经济现象"，鄂尔多斯发展模式也曾成为全国改革开放和贯彻落实科学发展观成功探索的典型地区之一。这里也主要以鄂尔多斯为实例，对地方政府主导地区经济发展作进一步研究。

在研究"鄂尔多斯经济现象"时，很多人认为，鄂尔多斯资源富集，是靠卖煤起家的，但换一个角度看，有的地区资源禀赋和鄂尔多斯差不多，但发展得快慢、质量好坏、发展给人民带来成果多少就有很大的区别。因此，笔者认为，鄂尔多斯经济现象，反映的是一种落后地区地方政府主导经济发展的现象。鄂尔多斯市作为欠发达地区，市场发育的滞后性和"赶超型"发展的压力决定了其经济发展中地方政府强势主导的特点，这种主导作用主要表现在以下几个方面。

一、通过调整区域发展布局提高地区经济发展效益

任何一个国家、地区的经济发展都离不开生产力的合理布局，如何安排生产

布局才能获得地区最大发展效益？根据不平衡发展理论的观点，不发达地区不具备产业和地域全面增长的资金和其他资源，因而理论上的平衡增长是不可能的。社会经济发展要根据不平衡发展规律，有重点、有差异、有特点地发展，而不是平均使用力量发展。并且在不平衡系统中总是存在支配性的因素。因此，在不同时期要选择支配全局的重点地区、重点部门发展经济，投资只能有选择地在若干条件优越的区位增长极地区进行，其他地区则可通过区域增长极的扩散效应而逐步扩散。可见，制定并实施符合地区实际的、能反映本区域生产力布局的经济发展规划，推动地方经济发展，是地方政府主导作用的一种表现。

改革开放以前，由于各地区发展布局总体上统一由中央安排，地方自主性较小，所以，在国家"均衡"发展战略条件下，各地区生产布局相对比较分散，从而降低了经济发展效益。但是，随着改革开放后地方自主性的增强，立足地区发展条件，合理安排生产力布局，以获得地区最大发展效益，成为地方政府主导经济发展的重要职责。尤其是欠发达地区，更需要做出切合实际的安排。这里以鄂尔多斯地方政府规划发展布局为例。

鄂尔多斯市位于内蒙古自治区西南部，面积为8.7万平方公里。改革开放之初的鄂尔多斯（即过去的伊克昭盟），地广人稀，几十万农牧民星星点点地分布在广袤的土地上，生产战线长，生产力布局分散，产业集聚程度低，发展受制于水，是一个典型的老、少、边、贫地区。1978年全市地区生产总值只有3.46亿元，人均344元；财政收入只有1900万元，人均不到20元；城镇居民人均可支配收入279元，农牧民人均纯收入194元，全市8个旗区中，有5个国家级贫困旗和3个自治区贫困旗。改革开放以后，鄂尔多斯地方政府在总结发展经验教训的同时，对地区人口和生产力布局进行重新规划和调整，提出了集中发展的战略。依照经济发展规律，将有限的生产要素集中投向有空间、有优势、有效益、有潜力的地区、产业和项目，以形成集聚、集群效应。

在地理空间上，鄂尔多斯市西、北、东三面被黄河环绕，对于一个沙漠占总面积48%，干旱硬梁和丘陵沟壑地区占48%，年降水量350毫米、蒸发量却高达3000毫米的地区，黄河在其发展中就具有战略意义。基于这种条件，地方政府制定了优化开发区、限制开发区、禁止开发区的发展规划。把全市新型工业化、城镇化和农牧业现代化发展的战略重点转移到沿河、沿边地区，走集中发展道路。对农牧业、工业、城镇发展布局进行了具体规划。

在农牧业区域布局上，地方政府从鄂尔多斯人少地广、干旱少雨、土地极易沙化、大部分地区不宜人居的自然环境出发，制定并实施"收缩转移、集中发展"战略，将农牧业发展重心转向沿黄河、无定河和城郊地区。在沿黄河3000多平方公里冲积平原上规划形成了60万亩规模化节水农牧业示范基地、10万亩高效农牧业基地、百万只肉羊养殖基地和万亩标准化温棚种植等几个大规模机械化现代农牧业生产基地。通过户籍制度改革和土地合法有序流转，推进土地规模经营，促进土地和草牧场向种养大户集中，实行基地化、规模化经营，引导农牧区劳动力向城镇和第二产业、第三产业集中。2000年以来，全市转移农牧民30多万人，农村、牧区人口由93.5万人减少到2007年的60.7万人。

在工业区域布局上，项目分散、工业集中度低，使得企业生产经营成本高是很多西部地区经济发展的难题。这也决定了受市场化程度制约的欠发达地区的地方政府，在促进要素集聚方面，需要地方政府发挥主导作用。鄂尔多斯地方政府在优化生产布局上，打破县域分割，在全市范围内调整生产布局。规划建设了蒙西、棋盘井、树林召等8个现代新型工业集中发展区，以园区作为发展平台，推进工业向基地集中、企业向园区集中。

在城镇区域布局上，鄂尔多斯地方政府通过乡镇机构改革，在产业基础好、区位条件相对优越的地区，集中建设旗府所在地和重点镇，规划建设了大路、树林召、蒙西等沿黄河产业重镇，乡镇由138个撤并为50个。2007年，全市城市化率达到61%，城镇建成区面积由2000年的69.2%平方公里扩大到153.7平方公里。

二、通过实施反梯度战略推进工业化进程

梯度主要指经济发展的不平衡性。有关这种不平衡性的研究形成了梯度理论。梯度理论认为，区域客观上存在经济与技术发展的梯度差异。任何一个国家，其区域间的梯度差总是存在的，所不同的是差异程度不同而已。梯度差异造成各地方发展的基础条件的差异，进而形成发展的时序差。也就是说，产业与技

术存在由高梯度地区向低梯度地区扩散与转移的趋势。梯度理论在地区经济发展实践中有着重要的指导意义,它在区域发展战略选择上,引申出梯度推移和反梯度推移。

从梯度推移来讲,承认梯度的客观存在,在制定发展战略时应当让技术和经济梯度较高的地方优先发展,然后再向梯度较低的地方辐射。通过技术、经济的转移,带动落后地方发展,缩小地方之间的梯度差。[11] 改革开放后,我国东部沿海地区率先发展,然后向西部扩展,就是梯度推移理论的实践。

从反梯度推移来讲,有些学者认为现代科学技术有三个基本走向,即向贸易发达区域、智力资源比较发达且技术水平较高的区域以及自然资源比较丰富的区域转移。我国西部地区拥有丰富的自然资源,可以从国际国内引入大量资金、技术和人才,使自身的经济技术超越发展,而不必等待接受国内第一、第二梯度的转移技术。[12] 反梯度实际上也承认东西部资源等方面的梯度差,正是梯度差的存在使得跨梯度现象存在。现代产业中,一部分依靠资金和技术密集,另一部分则对资源有较大的依赖度。这对于资源富集的西部地区来说,可以在资源依赖性产业的带动下进行跨越式发展,而不必等待技术、经济高梯度的东部地区的辐射带动。笔者认为,鄂尔多斯作为欠发达地区,经济实现了跨越式发展,是地方政府打破常规的发展方式,选择反梯度战略在实践中的表现。具体反映在以下两个方面。

(一) 在引进项目增加投资中打破常规

推动经济发展,说到底靠投资。从人类经济发展的历程看,在不同的历史时期,各要素在经济发展中的重要性是不同的。经验表明,一个地区乃至一个国家,在经济发展起步阶段,增加资本投入量对提高经济增长至关重要。"抓住了投资就抓住了关键,抓住了投资就抓住了根本。"这也是作为落后地区的鄂尔多斯地方领导者的基本认识,从而也决定了短期内经济增长仍然以投资拉动为主,并将第二产业作为主体投资领域。比如,2007年,鄂尔多斯市完成固定资产投资862亿元,增长44.7%。从投资领域看,第一产业23亿元,增长62.5%,增速比2006年提高49.9个百分点;第二产业563.8亿元,增长46.3%,增速比2006年下降23.5个百分点,其中制造业161.8亿元,增长9%;第三产业275.2亿元,增长40.2%，增速比2006年提高10.3个百分点。显然，第二产业投资是主体，占总投资的65.4%，尤其是地区占有优势的煤炭、电力、化工三大行业占工业总投资的80.5%。全年投资、消费和出口对经济增长的贡献率分别为76.9%、10.1%和13%。显然，消费和出口不足，是一种投资拉动型经济增长。

推动投资快速增长，地方政府的一项重要措施是抓项目建设。在引进项目上，地方政府打破常规，坚持"六个高"标准，即高起点、高科技、高效益、高产业链、高附加值、高度节能环保的总体要求，引进大项目，"不承接梯度转移，不承接别人落后的东西"，以此来实现跨越。鄂尔多斯市委、市政府几大班子领导对投资1000万元以上的重点项目实行项目分工负责制，任务到人，责任到人，党政领导与企业共同盯项目，一起跑项目、合力抓项目，形成了政府协调、企业主导、市场运作的项目推进格局。2002年，神华集团把世界第一条煤直接液化生产线、投资总额高达250亿元、年产108吨成品油的项目放在了鄂尔多斯的伊金霍洛旗。当地政府从水资源、用电的协调特别是土地的协调上给予支持。随着伊泰集团煤制油工程等一大批重点项目的建设，鄂尔多斯大项目多、大企业多的特点比较突出，上亿元的项目达到376个，投资规模超过4000亿元。

（二）开发优势产业，推动新型工业化进程

工业化始终是一个地区经济发展的中心内容。而西部地区原来的工业基础薄弱、技术落后，这也是西部地区经济落后的根本原因。要从根本上扭转这种局面，就必须从本地的实际出发，依据自身的资源优势，根据国际国内市场需求，直接利用国际国内最先进的技术，通过技术的跨越，带动企业、产业以及地区社会经济整体的跨越式发展。这种跨越没有政府的主导是难以实现的，鄂尔多斯经济发展正是如此。从鄂尔多斯地区产业结构看，1978年，鄂尔多斯三次产业结构比例为45∶28∶27，是典型的以农牧业为主的地区。但是，到2002年，三次产业结构比例已提高为13.7∶58.3∶28。2007年，三次产业结构比例又提高到4.3∶54∶41.7，初步形成了以工业化带动整体发展的格局。这种快速转化，没有地方政府的主导显然是不可能实现的。地方政府以地区优势——自然资源开发为依托，选择新型工业化发展思路，推动了地区经济工业化的进程。

首先，推动资源深度开发，把资源优势转变为竞争优势。鄂尔多斯是我国中西部少有的资源富集区,煤炭已探明储量1496亿吨,约占全国已探明储量的1/6,"像煤海一样"的神府东胜煤田,大部分优质煤都在鄂尔多斯盆地。天然气已探明储量7504亿立方米。在资源开发上,鄂尔多斯借鉴以往经验,没有走以往简单资源开发的老路,大力推动资源的深度开发、提高资源附加值。2003年以来,政府在项目引进上,着力促进优势资源与优势项目的对接。提出煤炭产业要彻底改变单一原煤生产格局,构建煤电——高载能和煤化工两大产业链,实施煤转电、电转高载能产品、煤转油、煤焦化"四线升级"工程,实现转化增值、提质增效。在煤炭资源配置上,实行"三优先、两分开、一标准",提高煤炭的就地加工转化率,促进煤炭资源的转化增值。2006年,伊泰集团煤制油工程项目在鄂尔多斯市的奠基以及神华煤制油工程,可以说是地方政府实施资源转换战略的典范。对实现地区资源转化、提高资源利用水平具有重要意义。

其次,政府以园区建设为载体,搭建产业升级平台,形成产业集聚,促进经济增长。集聚是指事物的空间集中过程,强调事物在地理上集中的发展过程。早在一个世纪前韦伯就开始在《工业区位论》中使用集聚的概念,主要是指产业的空间集聚。产业经济理论认为,追求外部规模经济是企业集聚的根本动因。而影响企业外部规模经济的因素主要包括土地成本、税收、基础设施、通关条件、物流便捷与否等,这些因素恰恰是政府所能提供的公共服务的重要组成部分。政府可以在基础设施、专业化培训和其他商业环境方面创造条件,吸引外部投资到特定的区域集中。[13] 鄂尔多斯几大工业集中发展区和产业集群的形成都与地方政府的促进作用分不开。比如,8个重点工业集中发展区的前期规划和水、电、路、讯等基础设施建设都由地方政府来提供。在地方政府规划建设的工业园区中,围绕煤炭、电力、化工、农畜产品加工等优势支柱产业,引进建设了一批有市场、有规模、有竞争力的大企业、大项目,靠工业拉长产业链,开发煤转电、煤制焦、煤制油、煤化工等综合能源产品,形成煤—电、煤—焦、煤—油、煤—肥、煤—醇和天然气—甲醇等多条产业链。目前,鄂尔多斯以煤炭、电力、天然气为主的能源产业集群和以煤化工、天然气化工、氯碱化工为主的化工产业集群特点比较突出。

可见,地方政府选择反梯度推移的发展思路,通过实施资源转化战略,推动产业升级，推进了地区新型工业化进程，从而带动了地区经济结构的优化，实现了经济的快速增长。

三、通过创造经济发展环境增强地区竞争力

任何一个国家或一个地区的经济发展都是在特定的环境中进行的。所以，关于经济增长，诺斯认为，正是国家与国家之间的政区竞争机制促使某些国家明确界定和行使产权，从而导致了经济增长。事实上，一个国家内部不同行政区之间，同样存在着类似的竞争。一般地说，一个地区如果能提供优越投资环境、能建立有效的产权保护制度、能建立严格约束政府权力的制度并能提供优质公共服务，那么，这个地区就会在政区间的竞争中取胜，从而吸引更多的资本、企业家和人才到本行政区域投资创业。就鄂尔多斯经济发展看，环境因素中，生态环境恶劣、基础设施落后是经济发展的最大瓶颈。但是，一批国际、国内都具有一定影响的重特大项目能落户当地工业园区，并随之集聚了科技、人才、资本、管理等高级生产要素，其实就是地方政府通过创造环境，增强了地区竞争力，从而引导企业发展本地经济的一种反映。地方政府强力推动环境改善的行为主要有：

（1）强化行政约束，保护生态环境。鄂尔多斯处于内陆干旱地区，降雨量低，年降水量为350毫米，年蒸发量却高达3000毫米。大部分地区天然草原的植被覆盖率只有20%多一点。土地沙漠化较为严重，沙漠占总面积的48%。自然环境的恶劣一度成为制约地区发展的最大瓶颈。而且，工业经济发展初期，煤矿、炼焦等小项目遍地开花，造成严重污染。棋盘井曾因环境污染而上过国家环保总局的"黑名单"。于是，2000年，地方政府提出了建设"绿色大市、畜牧业强市"的战略目标，确立"立草为业、为养而种、以种促养、以养增收"的发展思路，对农牧业生产区域布局、种养结构、养殖方式、人口布局、产业化发展、资金使用方式进行"六大调整"。并且在内蒙古最先实行禁牧、休牧、轮牧和标准化舍饲养殖，变革传统农牧业生产方式。到2007年，鄂尔多斯禁牧草原3518万亩、休牧5298万亩，分别占草原总面积的40%、60%，划区轮牧2398万亩。完成退耕还林502.7万亩，退牧还草3013万亩，人工造林1016万亩，飞播造林838万亩，封育102万亩。还建设了两万平方公里无人居住的自然生态恢复区，

对于恢复生态环境发挥了重要作用。

对于污染治理,地方政府借助国家宏观调控政策,淘汰落后产能。针对高耗能、高污染、高排放企业比较普遍,以及资源浪费和环境破坏严重的实际情况,对这类企业进行了集中整治,关停整顿了许多小煤矿、小炼焦、小白灰等"五小"企业。2002年,鄂尔多斯市有煤矿1900余座,产量达2000多万吨。到2007年,只剩下了276座煤矿,产量却高达2亿多吨,既保护了生态环境,又实现了资源的有效开采。

(2)强化工程措施,推行产业化的生态环境治理。国家实施西部大开发战略以来,加大了对西部地区生态建设工程的资金投入,鄂尔多斯市政府利用国家西部开发的契机,加大与国家发展规划的对接,积极争取对环境治理、生态恢复、建设项目的资金投入,使生态建设取得了突破性进展。比如,2000年以来,国家累计投入鄂尔多斯市退耕还林、天然林保护、三北防护林、自然保护区、防沙治沙等林业重点工程建设资金22.5亿元,贷款风沙治理项目资金10.32亿元,促进了鄂尔多斯生态的改善、产业的发展和农牧民的增收。特别是地方政府确立的以工业化的发展思路治理生态环境,通过扶持和培育龙头企业,发展林沙资源产业化,变被动治沙为主动治沙,取得了显著效益。

鄂尔多斯近一半面积是沙漠。对于沙漠的治理,1984年我国著名科学家钱学森创造性地提出了"沙产业"理论,指出:沙漠不仅给人类带来生存危害,同时也是宝贵的自然资源、绿色资源。以科学的观念、完善的技术对沙漠进行合理的保护、开发,就可以使沙漠治理、开发产业成为造福人类的"第六次产业革命"。可以说,在鄂尔多斯地方政府推动下的林沙草产业化的快速发展,就是"沙产业"理论的实践。地方政府坚持"个人、集体、国家一齐上"的多元治理格局,制定"谁造谁有,合造共有,长期不变,允许继承"等经济政策,推行"五荒"拍卖治理,形成新的利益激励机制。2005年,东达蒙古王集团的100万吨沙柳造纸项目投产,目前在东胜区的工业园区,以沙柳造纸、甘草制药、沙棘食品为主的林沙草产业集群发展,已经与生态和民生直接挂起了钩。2007年,鄂尔多斯林沙产业增加值达到了13亿元,农牧民来自林沙产业的人均纯收入突破1000元。

（3）增加基础设施建设的投入。一个地区的公共基础设施状况，决定着本地方经济和社会的发展，直接关系到全体居民的利益。而提供地方社会所需的基础设施和公用设施是市场经济条件下地方政府必须承担的职能。但是，由于鄂尔多斯的区位条件并不优越，水、电、路、讯等基础设施建设严重滞后，这也决定了地方政府在改变这一发展劣势中必须发挥主导作用。在主导地方基础设施建设投资中，地方政府凭借其信用，引入市场机制，以市场化运作方式引入民间资本，增加投资。比如，市政府在康巴什新区开发建设初期，对于新区基础设施概算投资的30亿元，采取了负债经营、滚动开发的方式。以国有的700亩土地作为注册资本，成立国有独资的城投公司，由分管城建的副市长任董事长，开发区主任任总经理。由公司作为投资开发主体，承担开发、建设融资的任务。城投公司在政府没有投资的情况下，先后通过了BT、BOT、发行城市建设债券、向银行融资等方式，筹措新区建设投资。2004年完成投资近6亿元。特别是2005年，城投公司依托本级财政信用，借用自治区政府与开发银行搭建的信用平台，成功向国家开发银行融资11.5亿元。2007年，鄂尔多斯机场正式建成运行，目前，地方政府主导下的公路、铁路、航空的立体化交通网络已经建成，在一定程度上解决了地区经济快速发展的制约。

总之，上述长三角、珠三角、"金三角"三个较有典型意义的地区经济发展经验表明，改革开放以后，我国各地区地方政府贯彻中央以经济建设为中心的指导思想，在本地区经济发展中做了大量的工作。包括：通过决策的方式确立地区经济发展战略，为各地区经济发展确定目标和方向；通过制度创新改善经济发展环境；直接策划以及出面参与开发区建设、招商引资活动；直接投资和经营公共产品；直接或间接地介入某些生产要素配置的活动；等等。由于地方政府做了如此多的事情，既有宏观层面的活动，也有微观层面的活动，更有大量的直接性经济活动。因此，可以说，中国经济的发展，在某种程度上是一种在地方政府主导下发展起来的经济，各地区经济发展与地方政府的经济行为息息相关，这是中国经济发展的一个显著特征。

本章注释

[1][2] 吴柏均，钱世超等. 政府主导下的区域经济发展 [M]. 上海：华东理工大学出版社，2006.

[3][7] 王乐夫. 经济发展与地方政府 [M]. 广州：中山大学出版社，1997.

[4] 汤正仁. "泛珠三角"区域合作的经济学分析 [M]. 北京：中国经济出版社，2008.

[5] 李绥州，袁忠. 行政管理学教程 [M]. 广州：暨南大学出版社，2005.

[6][8] 王乐夫，唐兴霖. 珠江三角洲：地方政府在经济发展中的地位和作用[J]. 中山大学学报（社会科学版），1997（4）.

[9] 刘华. 经济改革以来珠三角地方政府作用的评析与展望[J]. 学术论坛，2008（11）.

[10] 郝诚之. 瀚海凭栏 [M]. 呼和浩特：内蒙古人民出版社，2003.

[11] 管跃庆. 地方利益论 [M]. 上海：复旦大学出版社，2006.

[12] 陈凯. 区域经济比较 [M]. 上海：上海人民出版社，2009.

[13] 刘海军. 培育发展产业集群是大势所趋//鄂尔多斯发展的实践与思考[C]. 呼和浩特：内蒙古大学出版社，2009.

第六章 区域经济发展中地方政府不规范行为分析

改革开放以来,中国地方政府主导辖区经济增长的热情,导致了一系列以地方政府为主角的旨在促进辖区经济增长的经济行为。可以说,我国"行政区经济"的现状就是在地方政府的强力推动下形成的,因此,地方政府主导作用的发挥,客观上促进了中国经济持续高速发展。但任何事物都具有两面性,同样,地方政府主导经济的行为也有某些负面效应。本章就是对区域经济发展中地方政府的不规范行为及原因进行探究。

第一节 地方政府主导区域经济发展的不规范行为

一、地方政府决策的不科学行为

行政决策是行政管理的前提和基础。科学决策是保证政府各项工作取得成功的重要前提,否则政府决策可能导致社会资源的严重浪费。而现实中,政府决策的不科学往往又与政府决策过程不民主息息相关。有学者概括为:一是一些地方、部门的领导干部好大喜功,凭热情、凭经验、凭感觉想问题、办事情,往往在没有充分调查研究、协商论证、广泛听取各方面意见的情况下便拍脑袋决策、拍胸脯保证,导致决策失误。二是一些地方决策规则和程序不完善,决策过程缺乏透明度，缺少广泛的参与，一些领导为显示自己的权力，都想说了算，名为集体领导、集体决策，实际上是少数人甚至个别人随意决策、盲目决策。三是由于决策过程不公开，因而也缺乏对决策行为的约束和质询，一些地方领导没有形成科学决策的意识，抱着搞建设、搞改革总是要"付学费"的不正确认识，从客观上助长了个人决策、轻率决策、经验决策之风的蔓延和扩张。[1]

比如，在地方政府主导的地区经济建设项目中，从表面上看，所上项目要经过内部讨论，有的甚至还要聘请专家论证，但是，政府领导体制中按职务高低排序的层次型结构特点，决定了最终拍板权牢牢掌握在主要领导手中，因而民主很难真正发挥作用。特别是个别领导的"拍脑袋工程"，造成大量资金与资源的浪费。不少项目建成之日即停产之时，不但没有产生相应效益，而且耗费大量资金，造成土地的闲置与荒毁。

二、地方政府职能履行中的驱利行为

改革开放后，中央政府曾通过权力下放，使地方政府积极性得到了充分发挥，有力地推动了改革和经济发展，这是一条重要经验。但在这个过程中，有的地方和部门过多地考虑本地区、本部门的局部利益，在主导经济发展中产生了严重的驱利行为，造成地方政府职能错位，偏离其角色功能定位，对整个国家和社会的发展产生了负面影响。具体表现在以下行为中。

（一）弱化对中央宏观调控政策执行的力度

在经济发展中，中央政府与地方政府的行为目标是有差异的。从中央政府角度看，其行为模式主要取决于如何实现宏观经济稳定。但从地方政府角度看，其行为模式则主要取决于如何才能实现上级政府的"GDP考核指标"和"地方财政收入"的最大化。两者目标上的差异，使地方政府在执行中央的宏观调控政策时，往往采取或明或暗的自主性行为，实施逆向调控而不是自觉遵守国家的统一意志、统一规划、统一政策，弱化了执行中央政府宏观调控政策的力度，政策执行失真最具典型性。

政策执行失真就是在执行中央宏观调控政策的过程中，要么不作为，只是简单地宣传一下政策，做做表面文章，或象征性地选择政策的某些部分执行；要么对宏观调控政策本身的原有内容进行部分扭曲变形或完全改变原有政策内容；要么常附加一些原政策目标所没有的内容，将本不可行的事情变为可行之事；或者当政策对地方政府不利时，地方政府就会制定与中央政策表面相一致，实际相违背的实施方案；等等。无论采取哪种行为，都会导致政策失真，使中央宏观调控政策难以得到贯彻落实。比如，地方政府受利益驱使，对产业政策的执行，脱离或违背中央政策，另搞一套，特别是某些部门的盲目投资、低水平重复建设、地区产业结构同构化问题严重，像钢铁、电解铝、水泥等这些行业曾经出现产能过剩和产品过剩，引发了宏观经济局部出现过热现象，始终得不到控制。从2005年以来，中央政府加大了宏观调控力度，对部分产业的小规模经营企业实行"限、关"政策，试图通过遏制地方政府的利益和打击地方保护主义的形式优化产业结构，但收效甚微。2005年一季度全国就新上马了1.9万个50万元以上的项目，钢铁工业在国家严格控制下依然猛增170%。房地产业的调控中也有类似现象，中央为了防止这个产业过热，实施了控制房价的政策。但是现实中，地方经济却又过度依赖房地产业的发展。原因在于土地抵押成为房地产投资的主要融资工具，而在已有土地制度下，土地出让收入是地方政府财政收入的重要来源，据国务院发展研究中心组织的"中国土地政策改革课题组"研究分析：从土地上产生的收入占到地方财政收入的一半以上，发达地区的地方财政成为名副其实的"土地财政"。正是这种关联性，使得许多地方政府在房价刚出现下降苗头的情况下，就急急忙忙出手救市，2008年以来，各地土地出让金骤减，就是地方政府违背中央调整房地产市场的初衷，以及出台救市政策的直接诱因。

地方政府在执行中央政策上的种种行为，社会上有许多习惯说法。这里仅列举以下方面：

（1）用足政策。用足政策被人们认为是促进地方发展的秘诀。主要是地方政府针对中央的倡导性、许可性或优惠性政策而言的。中国各地区发展差异比较明显，有时中央政府出于某种考虑，允许地方政府就某个社会问题自主制定仅适用本地方的政策措施，以解决带有地方特殊性的社会问题，其实是一种原则性授权，并有明确的边界限制。但是，地方政府用足政策，就是指把中央特许的政策用到极限，那么政策执行一旦极端化，就会出现与政策所要解决的社会问题相反的另一类社会问题。比如，国家为促进地方经济发展，允许地方政府根据当地实际情况建立经济开发区，并在土地、税收、工商、物价方面实行某些优惠措施。可这一政策被一些地方政府严重"用足"，当时实际状况是：无论发达地区还是不发达地区，全国到处都在搞开发区建设，有些开发区只开不发，土地闲置，没有起到带动当地经济发展的作用。

（2）打政策擦边球。打政策擦边球也称作"钻空子"，主要是指地方政府利用政策内在的缺陷寻求不当利益。这种行为从表面上看是执行了中央政府的政策，但做法实质上与中央政策要求不相符合。比如，中央曾经为控制预算外收入而出台了一项控制奖金发放的政策，在执行中，有的地方政府就做了技术处理，把一部分奖金转化为劳务费或加班补助的形式发放。这其实就是地方领导利用政策对劳务费没有做出规定的缺陷，把奖金转变成劳务费了。

（3）上有政策下有对策。是指中国地方政府往往以本地区的特殊情况为借口，在执行中采取灵活变通的技术手法，肆意篡改中央政策的精神实质。比如，中央在实施宏观调控政策时，明确规定要压缩基建规模，于是，有些地方政府就把一些应该下马的工程变成以前工程的配套项目继续兴建。最终，不仅使中央的调控目标实现不了，甚至还会出现新的增长。

（4）"三灯政策"。曾几何时，社会上出现过有名的"灯论"。即"见着绿灯赶快走，见了黄灯抢着走，见到红灯绕道走"。"见着绿灯赶快走"是指中央政府实行某些对地方经济发展有利的鼓励性经济政策，地方政府就赶快采取各种行动，最大限度地利用政策；"见了黄灯抢着走"是指中央政府发出拟采取某些对地方经济不利的政策信号时，地方政府就抓住最后的机会，突击采取一些行动；"见到红灯绕道走"是指中央政府实行对本地经济不利的限制性措施时，地方政府就采取灵活变通措施，以各种借口绕开中央政府政策的限制。[2] 这也是一种错误的观点。政策红灯即意味着中央禁止达到某种状态，不管选择哪条途径，一切有可能倒向这种状态的路径都应该在被禁止之列，否则，绕道走也是错误的。[3]

除以上情况外，地方政府在执行中央宏观调控政策过程中，还有其他一些表现方式，如，在执行速度上，某些地方政府常常对政策执行疲沓、政策实施缓慢,或者有些政策执行人员对政策死搬硬套,采取消极的执行态度,使中央宏观调控政策低效实施,这些表现事实上也在弱化地方政府对中央宏观调控政策执行的力度。

(二) 发展战略中的短期机会主义行为

"机会主义"源于制度经济学,被威廉姆森描述为欺骗性地追求自利,包括说谎、偷盗和欺骗,更一般地,指不完全的或扭曲的信息揭示,尤其是有目的的误导、掩盖、迷惑或混淆。地方政府的机会主义行为有多种表现形式。

1. 地方保护主义行为

一般地,地方保护主义是一种以地方利益为本位的社会现象,在中国历史上有着深厚的传统。封建社会时多以地方割据的形式出现。新中国成立后,在计划经济条件下,不同的行政区域之间存在各种各样的壁垒,地方当局以完成本地计划为名,为本地区生产者提供各种行政保护,一般称之为地方主义。改革开放以后,我国从计划经济体制向市场经济体制转轨期间,地方保护现象日益突出。这一时期出现的地方保护主义则是指地方政府在处理本地区与其他地区及中央政府之间的经济关系时,以维护"地方经济利益"为宗旨而实施的一种短期经济行为。它虽然可能在短期内使地方利益最大化,但由于破坏了地方利益赖以持续实现的宏观环境,最终也会使地方利益本身同遭损害。

中共十一届三中全会后,随着中央政府权力的下放,地方利益得到承认并迅速扩张,地方政府的利益主体地位和调控主体身份也得到明确。尤其是地区发展差异的凸显,地方政府面临着地区经济发展的巨大压力。在这种情况下,当面临局部和全局、局部和局部利益矛盾时,地方政府会毫不犹豫地倾向本地区的局部利益,为此不惜牺牲全局利益和其他局部利益。这样,对地方利益的正当追求就扭曲为地方保护主义。基于区域利益的地方保护主义行为带有普遍性,并在不同时期有不同的表现。曾经有学者将其划分为三个阶段:[4]

第一阶段(1985~1988年):地区原料大战。改革开放初期,在商品短缺的情况下,地方政府发展经济的自主性日益增强,各地加工工业、乡镇企业迅猛发展,造成工业过热,全国原料市场呈现出紧张状况。于是,各地为了本地工业能够有充足的原料,都纷纷筑起行政"篱笆墙",一方面严禁本地原料流出,另一方面又通过各种手段从其他地区争夺原料。"羊毛大战"、"棉花大战"、"生猪大战"、"蚕茧大战"此起彼伏。为了在"大战"中保护自己的利益，各地政府纷纷使出"绝招"，比如，安徽为防止蚕茧南涌浙江，政府出动武警、民兵，实行县、乡、村三级联防，严格出境检查。

第二阶段（1988~1992年）：地区产品大战。随着我国市场化改革的发展，1987年前后国内出现了通货膨胀加剧、市场秩序混乱和经济结构失衡的问题。针对这些情况，1988年，中央政府开始采取治理经济环境、整顿经济秩序的政策、措施。于是，在市场疲软、资金短缺的情况下，各地纷纷封锁自己的市场。各地政府又通过歧视性地方法规、设置关卡、高收费等方式阻止外地商品的流入，规定本地单位只能使用本地产品、经营本地产品，千方百计堵截外地的商品、物资进入本地市场，以保护本地企业获得利润。

第三阶段（1992至今）：地方政策大战。由于改革过程中，中央政府实施"鼓励一部分地区先富起来"的政策，使经济特区、广东、福建等沿海开放城市率先从中央手中获得某些经济"特权"，推动了地方经济的快速发展。这对广大中西部地区地方政府起到了示范效应，地方领导人认识到政策越优惠，地区在竞争中就处于越有利的地位。他们也开始主动地追求地方利益，纷纷与中央"讨价还价"，索要优惠政策和更多的利益。于是，地区之间的角逐开始从地区封锁进入"政策大战"的新阶段。一些地区甚至出台歧视性财政扶持政策保护本地企业利益。根据有关资料，从1992年初起，中国各地区都在争夺特区政策、工业区政策、开发区政策、高新技术产业开发区政策、保税区政策。到1996年底，全国共有开发区5000多个，侵占良田好地280万亩以上。这种"政策大战"在一定程度上加剧了房地产大战、开发区大战、项目大战、圈地大战。

据商务部2004年对国内22个省市的一次调查显示，有20个省市都有产品或服务遭受地区封锁的侵害。我国地方保护主义由此可见一斑。

地方保护主义的危害是明显的。一是破坏市场的统一性，破坏竞争的公平性，破坏优胜劣汰机制促进企业生产技术和经营管理不断进步的积极作用。二是各地区之间的相互限制，严重损害了消费者的利益。三是造成各地区的同质竞争，导致资源的极大浪费。

2. "大而全"、"小而全"的发展战略

地方政府不仅是参与国内竞争,在经济全球化条件下,还要参与国际竞争。要取得竞争优势,就不能要求一个地区乃至一个国家的产业门类如何齐全,而是在国际、国内分工中有特色、有优势。但从改革开放以来我国地方经济发展看,在片面求快、投资欲望扩张的驱动下,各地区不同程度地存在重复建设、结构趋同状况。如新闻媒体所揭示的汽车、摩托车、空调等产品,一个省或一个市能办好几家,商厦、宾馆盲目发展。这种"大而全"、"小而全"的发展战略,其危害性早已为人们所认识。

有学者将重复建设和结构趋同的危害归纳为四方面:①能力过剩,竞争过度,特别是价格大战,使多数企业盈利猛降进而转亏,不利于技术改造;有的采取偷工减料的歪招,最后对消费者不利。②浪费了大量资金和包括土地在内的其他资源,影响整个宏观经济效益;相反,如果适当控制投资规模,拨正投资方向,优化投资结构,就会有更好的投资效益,实现良性循环。③在一度造成虚假繁荣后,逐步暴露出高速低效和结构性矛盾,导致市场疲软和部分企业经营困难,部分职工被迫下岗。④地区之间的结构趋同,都像"双胞胎"、"多胞胎",缺乏合理的劳动分工和专业化协作,大家呆滞在低水平上,无法推进产业的升级换代。

3. 注重短期目标,忽视地区发展的长期收益

地方政府追求短期利益表现为不该引进的项目引进来了、该淘汰的项目没有淘汰。1994年分税制改革以来,地方政府作为利益主体,追求效用最大化这一行为目标日益明确。地方政府效用最大化也就意味着GDP和财政收入最大化。为了实现这一目标,地方政府首脑把主要精力投入到招商引资,每年引进的项目数量和引进资金的额度成为各级地方政府官员政绩考核的重要参考指标。因此,许多地方政府往往急功近利,出现了以资源换项目、以土地引投资的风潮,不计成本、不计代价地单纯追求经济增长速度,忽视、甚至牺牲社会的长远发展、长期收益。比如,2004年5月10日,《新华每日电讯》刊登了陈芳等撰写的报道——《江苏铁本:"钢铁怪兽"为何能一路狂奔》,文中提到在2002年,铁本钢铁有限公司还是一个净资产6.76亿元,产量仅200万吨的中小型钢铁企业,在

当地政府的违规"帮助"下，仅用了不到一年就完成了项目审批、土地拨付、银行贷款等一系列关键的准备工作，成为一个占地9379亩，预计年产840万吨的大型钢铁项目。当地政府用"化整为零"的方式规避土地审批制度，致使大量耕地被毁。2007年国土资源部对全国90个城市用地的抽查统计资料显示，违规宗数占60%；其中，地方政府主导违规使用土地的违法案件数占20%，违法用地面积占80%。

总之，地方政府这些行为会扩大地区差距，降低资源配置效率，损坏地方政府间的竞争秩序。

（三）地方公共产品和服务的供给不足且不规范

在市场经济条件下，政府的经济职能主要在于弥补市场机制的失灵。对于地方政府来说，其经济职责应主要放到为发展经济创建良好的市场环境，应更多地把注意力和公共资源投向提供地方性公共产品和公共服务上来。特别是从建设服务型政府的角度出发，要求地方政府的首要任务是提供教育、医疗、治安、环境保护等公共产品。但地方政府在实际工作中，依然把主要精力放在围绕人均GDP增长的经济建设上，地方政府官员倾尽全力抓地区项目建设工作，在提供公共产品及服务上明显不足，导致职能错位。地方政府职能在经济建设上强，而在公共服务上偏弱，造成大量社会问题、社会矛盾难以得到及时的缓解，遇到像"非典"那样的突发事件，就陷入了被动的局面。而且，即使在提供公共产品及服务上也不规范。地方政府本应重点承担的教育、医疗、环境保护等公共产品并没有成为地方政府总支出的主要项目，地方政府投入最大、关注度最高的是城镇基础设施等与经济增长相关的公共产品项目。以无锡市医疗卫生、教育的供给为例。医疗水平如表6-1所示。

表6-1 1952~2004年无锡医疗水平

年份	每千人拥有卫生机构床位数（个）	每千人拥有卫生技术人员数（人）	每千人拥有职业医师数（人）
1952	0.47	1.67	1
1962	1.33	2.1	1.08
1970	1.44	1.66	0.95
1980	2.46	3.03	1.18

续表

年份	每千人拥有卫生机构床位数（个）	每千人拥有卫生技术人员数（人）	每千人拥有职业医师数（人）
1990	3.06	4.32	2.1
1995	3.27	4.62	2.15
2000	3.42	4.89	2.28
2001	3.41	4.88	2.29
2002	4.03	4.42	1.91
2004	4.27	4.98	2.17

从表6-1中可以看出，无锡20世纪90年代初期城市医疗水平已达到一定的规模，此后保持着缓慢发展的状态。据2004年统计，政府财政支出中用于卫生事业的经费为48023万元，仅占预算内财政总支出的2.45%。教育事业的发展也处于同样的状况。[5]

无锡属于发达地区，此类公共产品的供给尚且如此，其他地区可想而知。联合国开发计划署2003年公布的数据表明，我国人类发展指数，在175个国家和地区中排名第104，居于中等水平。而如果单算社会发展，我国则处于世界下等水平。这在一定程度上反映出，在我国发展地方经济的同时，地方公共教育体系、公共卫生体系、文化事业体系等社会公共事业却没有得到相应的建立和发展，有的很不完善甚至非常落后。昂贵的药费、学费成为人民群众沉重的负担，一些群众还陷入了有病看不起、有学上不成、社会保障无份的窘境，从而引发不满情绪。

三、地方政府主导方式的不规范行为

主导方式是指地方政府履行其经济职能，实现经济管理目标所凭借的手段。从类型看，政府管理经济的方式可以划分为三种。[6] ①政府规制型。基本特点是政府尽量让市场这只"看不见的手"发挥作用，资源配置基本上由市场来进行，政府主要负责对市场的规范和管制，以及市场管理机制难以发挥作用的方面。这种类型所凭借的手段主要是依靠完备的法律体系保障市场经济的运行。②政府引导型。基本特点是自由竞争与政府控制并存，经济杠杆与政府引导并用，经济增长与社会福利并重等。这种类型所凭借的手段主要是通过政府制定的指导性计划，指明经济发展的方向，以影响经济运行。③政府主导型。基本特点是在让市场发挥资源配置方面的基础性作用的同时，政府对经济活动保持着强有力的干预和指导。这种类型所凭借的手段是通过政府设立的计划部门，制定中长期计划来确定发展目标，以表明政府的意图并利用计划和产业政策来指导企业的决策，以影响经济运行。

我国正处于体制转型期，政府职能也正处在转变过程中。由于实行了渐进式改革方式，中国政府管理经济的方式所采用的也是政府主导型。但是，地方政府追求 GDP 所导致的外延式经济发展表明，地方政府主导经济发展，所采用的手段有着更加显著的行政化倾向。就是说政府这只"看得见的手"过多地干预着经济的运行。具体表现在以下两方面：

（一）地方政府直接参与微观经济运行

改革开放以后，随着中央与地方财权和事权的划分，地方政府承担的事权增加了，负责提供所有的地方公共服务。特别是近年来提供了失业保险、城市最低生活保障计划、养老金计划等方面的财政支持。因此，地方政府必须采取各种办法壮大自身的经济实力。但是，不再可能像以前那样投资新建国有企业或是上新的投资项目，受政绩考核压力的影响，地方政府选择了对推动经济增长和发展至关重要的基础设施建设，进行基础设施建设投资，大力开展市政建设工程。所以，从 2002 年开始，各地政府纷纷开展市政基础设施建设，扩大城市规模，提升城市档次。然而，很多地方政府自身的财力有限，于是，地方政府手中的土地使用权和征用权就成了它们开展投资的重要依赖。由于地方政府直接控制土地和信贷这两个最基本的生产要素的供给，使得地方政府可以凭借对土地等资源的垄断，直接参与微观经济运行。比如各地区竞争中，为了增加地区发展项目，地方政府依赖土地资源等方面的优惠政策，积极开展招商引资工作。招商引资原本是一项专业性强、要求严谨的经济商业行为，属于竞争性领域，但是地方政府却亲自去做。因此，地方政府的招商引资行为逐渐被视为不利于自由竞争的行政干预。特别是有些地方政府为了掌握更多的土地资源，以行政手段强征、强占耕地，由此所引发出的社会冲突时有发生。据 2008 年 11 月 5 日《新华每日电讯》报道：安徽省砀山县政府采取少批多征、未批先征等手段，违法占用农民耕地千余亩。当地政府依据安徽省人民政府的文件批准，以发布公告的方式，征收集体土地 16.5639 公顷。其中，县政府以每亩 52.6 万元的价格将 82.99 亩土地出让给了一家房地产企业。在政府征地过程中，县领导带领防暴警察和城管执法队员，出动警车和推土机实行强占耕地，引发了冲突。由此可见，地方政府强制性的行政手段，既破坏了公平竞争，也在一定程度上引发了政府与群众之间的矛盾。

（二）地方政府直接干预大量的微观经济活动

政府管制是政府干预微观经济主体活动的一种行为方式，属于典型的行政化方式之一。政府管制的产生是与市场失灵相联系的，当市场机制不能实现资源的有效配置，即出现市场失灵时，政府就通过管制以矫正和改善市场机制存在的缺陷，干预资源配置。中国政府管制始于改革开放，是随着市场经济体制的建立出现的。在改革开放前的计划经济时期，由于实行全面而彻底的国有化，政府依靠计划、命令的手段，而不是审批、许可等手段干预经济，所以，还不存在西方那种严格意义上的政府管制。特别是 20 世纪 90 年代以来，中国政府在经济性管制方面有较大的发展进程，从市场进入、价格、数量、质量等方面制定了相应规制。对电力供应、邮政、城市给排水等公共事业以及航空、广播、铁路等自然垄断行业普遍实行了政府管制。这在中国市场化发展中，对于改善市场机制存在的缺陷、推动经济发展发挥了积极作用。

但是，目前由于地方政府仍然掌握着大量审批经济活动的准入权和在利率、汇率、交通、能源等方面的定价权，所以，地方政府在主导地区经济发展中，有些地方政府打着"规范化"的旗号，大搞"加强管制"，加大市场管理力度，新规定种种"许可证"、"上岗证"、"资格认定书"等，对大量的微观经济活动实施控制。不但没有克服市场失灵，反而大大增加了企业、消费者和纳税人的成本。比如，对出租车进行管制。当前，我国大部分地区对出租汽车均实行特许经营制度，即由地方政府决定出租汽车数量，并选择经营企业、分配经营车辆数量。管制效果如何？这里以案例来说明。

2003 年，《中国经济时报》的王克勤通过调研，撰写了一篇文章——《北京出租车业垄断黑幕调查》。文中提到：北京市出租车管制以前实行的是国有企业经营体制，1992年，北京申办奥运会的时候，需要大量的出租车，政府开始发放特许经营权。有1000多张给了个体户，其余的都给了出租车公司。特许经营权的实行，使得没有这项权利的司机就不能直接进入出租车行业。一段时间内，个体出租车几乎绝迹。有一个村长，使用一些手段要到了特许经营权，就开了一家出租车公司，谁如果想开出租车，就先把钱交给他，他去买车；司机开车每月还要向公司交800~1000元的份子钱；1996年，政府不同意这样的做法，要求车归公司所有，还要求把面的换成夏利；公司收回面的，回炉或者作为黑车卖掉。买夏利的时候，司机还要交钱；每个月要交4000~5000元的份子钱，这是政府定的价。这里有一个比较，拿到特许经营权的司机，他们15个月就能挣回一辆车，每个月收入大概是9000元，税后6300元；而公司里的司机，平均月收入是1800元左右。由此可见，政府管制过多不但不利于市场发展，还会产生行政腐败。

总之，地方政府过多干预经济的行为会降低效率，不利于平等竞争和制度创新，也不利于市场体系的发育和完善。

第二节 地方政府不规范行为的原因分析

区域经济发展中，地方政府出现的上述不规范行为，存在着错综复杂的原因。但笔者认为以下三者的使然最为直接。

一、地方政府体制不完善，行政权力缺乏有效监督所使然

地方政府体制是政府体制的主要组成部分，也是政治体制的重要组成部分。它是指地方国家权力的结构及其运行方式。我国《宪法》规定："国家的一切权力属于人民。人民行使国家权力的机关是全国人民代表大会和各级地方人民代表大会。"人民代表大会制度的建立，第一次从法律上确立了国家权力为人民所共有，而政府由人大选举产生。这一根本的政治制度赋予了地方人大及其常务委员会

"讨论、决定本行政区域内的政治、经济、教育、科学、文化、卫生、环境和资源保护、民政、民族等工作的重大事项"的职权，政府的权力是"人民代表大会基于人民授权的再授权"，这从制度上表现了人民当家做主、管理国家事务的民主权利。同时，在管理体制上，我国实行党委领导下的行政首长负责制。这种管理体制，又现实地决定了地方党政主要领导人在经济发展中的权威性，其权威性无疑对保证地方经济的集中统一领导和快速发展十分有效。但是，在权力运行机制中，如果缺乏有效的监督体系，行政权行使中的负效应是难以克服的。

事实上，我国虽然从内部和外部两方面都建立了对行政权力的监督体系。但是，监督不到位是其基本现实。从内部自身监督看，自我监督往往流于形式，无法保证其有效性，如对投资项目的监督。政府主导的投资，从投资立项到具体建设再到建成使用，整个过程都是决策者自己监督自己。这样，无论是建设过程中的监管，还是工程投入使用后的实效考核，都难免流于形式。即使有误，如果责任在于主要领导，那么，"不能自我否定"的心理决定了原本必要的整改与惩处根本就无法施行。而缺乏实质性监管与问责的投资，要能在现实中发挥有益作用，根本就没有可能。事实上，各地政府主导的建设项目，大多都没有进行实效考核，更没有对责任人实施问责，因而无从保证投资绩效。尤其对于那些污染严重却能给地方财政带来较高收入的项目更是如此。比如，在2009年5月26日的《新华每日电讯》上，记者刊登了一篇题为《仪征环保局对污染企业"无能为力"》的报道。根据报道，位于扬州化工园内的两家企业污染严重，并且多次不顾省市县三级环保部门的禁止，未经任何审批手续就在长江沿岸靠近市区的地点违规建设致畸、致癌、致突变的"三致"化工项目。为了关停两家污染企业，环保局原党组书记被迫向各方呼吁4年多却没有结果。可见，为污染企业撑腰的显然是能给地方财政带来较高收益的地方政府。

从外部监督体系看，按照我国"议行合一"的政治体制，人民代表大会作为权力机关，拥有的权力是至高无上的。地方人大对政府的监督是地方最高层次、最权威，也是最全面的监督。主要采取听取和审查政府工作报告、法制监督、通过行使罢免权实行监督和通过人民代表的质询及视察工作等方式。但是，在党政关系尚未理清的情况下，人大对政府的监督同时也成了对党的监督，而我国《宪法》只规定了党对权力机关的领导，没有规定权力机关可以监督执政党的活动。正因为如此，人大的监督缺乏权威性，真正有效的监督难以实施。使地方人大对政府的监督还主要停留在代表大会、常委会会议上听取汇报和报告以及闭会期间视察等工作方式上，很少采取质询、组织特定问题调查等有力的监督形式，很少使用罢免、撤职等手段。地方人大对地方政府监督乏力，必然会使地方政府主导经济的某些违法违规行为得不到制裁和纠正，而且极易产生行政腐败。

腐败单就字面意思来看，是指腐朽、败坏，笼统地说，它是与公平、正义、合理、有效益等价值观念相背离的不正常行为。在不同领域，腐败的行为方式是不一样的。就地方政府行为领域来看，腐败是一种依靠公权力获取利益的不正常行为，因而属于行政腐败。行政腐败说穿了是"以权谋私"，"私"既包括地方政府所代表的地区利益，也包括地方政府各职能部门所具有的部门利益以及政府官员自身的利益。因此，行政腐败的方式和手段不胜枚举。从以往地方政府主导经济的行为来看，主要表现在以下方面：

（1）地方政府在招商引资、城镇扩建中，违法违规运作土地等行为。在现有土地制度下，地方政府直接掌握着土地等重要的社会资源和干预市场活动的权力，由于监督不力，在利益的驱使下，大量公权被私用，以行政命令代替法律，尤其是地方为了招商引资，甚至以低价、零价的方式把土地批租出去。1996~2003年，全国耕地就锐减了1亿亩。在招标领域，明招暗定、幕后交易等问题突出。尽管许多项目表面上都进行了招投标，但政府的层次型运行特点，决定了上级领导的"招呼"具有突破规则、畅通无阻的能量。领导的一个"招呼"就能将项目"搞定"。开发商们自然就要用糖衣炮弹"猛攻"。这样，一个项目建起来，就会有一个或一批干部倒下去。这无一不与政府主导性投资、政府主要领导说一不二的权力有关。国土资源部的一位领导在2005年曾谈到，"查到的十个贪官当中也许有八个都会跟土地有关系"。田凤山是在国土资源部部长的位子上倒下的，杨秀珠正是靠控制温州土地发财的。

（2）某些部门私自设立的"小金库"，使大量资金游离于国家掌握之外，已经成了一个公开的秘密。虽然"小金库"有一部分用于招商引资、发放职工福利，但绝大部分被用于满足个别人的私利。因此，形式上看为部门利益，背后实际上是领导者的个人利益。尤其是小金库助长了行政部门滥用职权,"乱集资、乱摊派、乱罚款"的行为。而且,财政资金经常遭到挤占、截留、挪用。2003年国家审计署掀起了"审计风暴",中央和地方的审计报告都显示,套取财政资金、挪用财政资金、转移财政资金、国有资产流失、违规收费、超标准建设办公楼等,是各级政府部门在预算执行和其他财政收支中存在的共同问题。

(3) 有些地方政府凭借手中权力大搞形象工程和面子工程。某些地方领导干部出于升迁需要,一味地追求政绩。在这种情况下,地方政府主导经济发展为他们建设形象工程、面子工程的冲动制造了机会,结果导致大量财政资金被无谓地耗费,加重了群众负担。比如,20 世纪 90 年代初,原安徽阜阳地委书记王怀忠为捞取个人政治资本,耗资 3.2 亿元兴建所谓国际大机场,政府干部、教师、农民人均被摊派数百元机场建设费,但机场勉强运营一年后就被迫关闭,地方财政欠下沉重债务。

事实上,腐败是一个永无止境的话题,虽然以习近平为核心的党中央近年来加大了反腐力度,坚持"老虎要打,苍蝇也要拍",腐败问题得以有效遏制,但是,防治腐败,对行政权行使的有效制约仍任重道远。

二、行政考核机制不合理所使然

一般地说,任何行为者的行为方向都基本是由其评价标准所规定。比如,在市场经济中,市场主体之所以致力于创新,致力于提高效率,主要是因为对其优劣的判断标准使其盈利。同样,政府管理体系中,考绩机制对地方政府的经济行为具有导向作用。如果对地方政府绩效进行考评,就能促使政府按评价标准而不是政府自己的任意妄想去行事,进而起到约束政府行为的作用。当然,这种制约的有效性是以评价体系的科学、客观和公正为前提的。因为一套体系不完整、主观且以政府自身利益为核心的评价体系形同虚设,它对于政府的行为举措是不会有什么制约力量的。

当前,中国还没有当代意义上的政府绩效的评估制度,关于地方政府的考核标准,没有明文规定,只存在一套政府行政体系内部的考核体系。在现实中,地方政府的政绩在很大程度上是按照掌握着地方官员升降大权的上级政府的判断标准进行评判。在上级政府无法充分掌握信息的情况下，只能将评价标准简化为类似于GDP、就业率以及社会稳定等片面的考核指标，并以此对地方政府首脑的升降提出决定性的意见，从而给地方政府留下了采取短期行为和机会主义行为的广阔空间。

（1）在工作重点转向经济建设后，一条不成文的要求就是看一个地方的经济发展得怎么样。具体地说，往往以发展的快慢也就是增长率的高低来衡量，即以速度、产值论成败。这样，各级地方政府为了加快发展速度，纷纷选择投资建设产值高、税收多的大项目。地方政府的投资冲动曾致使固定资产投资一再膨胀，进而拉动经济过热。

（2）发展经济不只是各级政府的第一要务，也是我国干部考核选拔制度的主要依据。在地方干部的任免基本由上级决定的条件下，地方政府为了赢得上级政府的赏识以获取更大的政治晋升机会，也强烈希望发展地方经济，加之四五年一届的任期制，导致地方政府经济行为的短期化。这就使得一些地方政府往往热衷于搞新扩建、搞一些有目共睹的形象工程，而较少搞技术改造和技术开发以及科教文等基础工作。

由此可见，考核机制的不合理对地方政府的经济行为起到了很大的导向作用。

三、社会转型期不完善的经济体制所使然

西方行政生态理论认为，不同社会形态下的经济结构特别是其市场化程度对行政的影响是不同的。由此我们可以分析地方政府的不规范行为。

在完善的市场经济条件下，市场是实现社会资源有效配置的根本途径，地方政府的职责之一在于为微观经济活动创造良好的发展环境。然而，纵观中国行政环境，以党的十一届三中全会为开端，中国进入快速的社会转型期。在由计划经济向市场经济转型的过程中，我国选择的目标模式是社会主义市场经济，采取了渐进式改革路径。"渐进"即"逐渐发展"。在没有经验可借鉴的情况下，"摸着石头过河"，允许改革在一个较长的时间内完成。因而，虽然农村家庭联产承包责任制改革，以及城镇非国有部门和沿海地区市场化改革，促使行政环境发生了巨大变化。但是，占统治地位的国有经济部门的市场化改革进程比较缓慢，造成

不同行业、不同部门之间，发达与不发达区域之间的市场化程度、市场主体成熟程度等方面的差异。

由于我国市场体制还不够完善，特别是一些市场发育缓慢和经济落后地区，在计划体制思维惯性和地方自身利益的影响下，不少地方政府往往习惯运用公安、交通、工商、税务等行政部门在私人产品经济领域，直接以行政性方式干预经济活动。比如，2000年8月，宁夏永宁县政府针对本县农民将麦草卖到邻县造纸厂的市场行为，专门印发了《关于进一步加强麦草管理工作的通知》，其中写道：由于外市县造纸企业介入我县收购市场，抢购麦草，哄抬价格，造成我县麦草市场竞争无序。为确保市场有序，道路畅通，使群众和国家利益得到保护，要求各乡镇成立由土地站、工商所等部门参加的工作组，配合县联合执法组做好重点大户的清理工作，运管部门要昼夜设卡，严禁麦草外流。[7] 类似情形，在汽车等其他产品领域，都在不同地区受到过地方政府的行政干预。

此外，即使选择市场化手段，有时也会因市场化程度低、操作技术不成熟或制度缺失而使地方政府行为出现纰漏。"政府决定何以成了儿戏"是国内媒体报道过的一则案例。

2008年11月10~15日，海南三亚市发生了持续5天的出租车司机集体罢工事件，后经三亚市委干预，最终以各出租汽车公司退还多收司机的承包金和市交通局3名领导干部引咎辞职宣告平息。

事件起因于三亚市政府曾在2007年底宣布：从2008年1月1日起，全市出租汽车承包金指导价统一由每月7200元调整为每月5300元。可十个多月过去了，出租汽车公司仍旧按每月7200元收取承包金，政令成为一纸空文。11月10日，三亚出租车司机集体罢工。

事发当天下午，三亚市代市长王勇立即与出租汽车司机代表进行了座谈，承诺尽快解决他们提出的问题，可出租汽车公司不予配合，直到14日三亚市委书记江泽林与出租汽车司机对话，承诺各出租车公司在2日内无条件全部退还多收的承包金，否则将被取消经营权。于是，1000余辆出租汽车才全部恢复营运，各出租汽车公司在随后两天内退还了多收的承包金。

综而观之，代市长的承诺与市委书记的承诺之所以收效不同，根源不在于官级大小，而在于是否"真刀真枪"。一触及经营权问题，一贯"牛气"的出租车公司立马变乖巧了。

市政府"一把手"说话都不起作用，恰恰是地方政府自己造成的。目前我国大部分地区对出租车均实行特许经营制度，即由政府决定出租汽车数量，并物色经营企业、分配经营车辆数量。其结果，不仅使出租汽车行业成为一个相对垄断的行业，几家公司掌握了车辆承包金、出租车运费的实际定价权，而且与政府主管部门形成了扯不清的利益关系，政府难以对出租汽车公司实施有效指导和监督，还埋下了权力寻租的祸根，政令不通便成为必然。[8]

由此可见，转型期行政环境的特殊性，经济体制、监督体系的不完善直接作用于地方政府的经济行为。

本章注释

[1] 易重华. 中国地方政府转型 [M]. 北京：中国社会科学出版社，2008.

[2][4] 熊文钊. 大国地方——中国中央与地方关系宪政研究 [M]. 北京：北京大学出版社，2005.

[3][7] 徐邦友. 中国政府传统行政的逻辑 [M]. 北京：中国经济出版社，2004.

[5] 吴柏均，钱世超等. 政府主导下的区域经济发展 [M]. 上海：华东理工大学出版社，2006.

[6] 成思危. 论中国社会主义市场经济制度下的发展计划 [J]. 新华文摘，2004（15）.

[8] 新华每日电讯，2008-11-19.

第七章　行政生态观引领地方政府职能转变与区域经济协调发展

前文对政府行为与区域经济发展内在关联性的论述表明：有效的地方政府行为对区域经济协调发展至关重要。当然，有效的政府行为需要以符合行政生态环境为前提。因此，只有明确当前我国行政生态环境实际，并适应环境变化调整政府行为，实现政府行为与行政环境的良性互动，才能更好地促进区域经济发展。

当前我国行政环境既存在积极因素，也存在消极因素。积极因素中，经济环境方面：国际经济全球化趋势加剧，我国经济已深度嵌入世界经济体系。国内基本建立社会主义市场经济条件下的宏观调控体系，各区域处于产业升级、结构调整、优化布局的发展阶段。政治环境方面：治理理论推动着地方政府管理理念和管理手段的转变，依法治国、党风廉政建设责任制得以实施，反腐倡廉在深入推进。社会环境方面：城乡居民收入水平持续提高，社会保障体系逐步健全，城乡二元结构不断改善。文化环境方面：确立了社会主义核心价值观的主体地位，公共文化服务体系正在完善。生态环境方面：生态文明建设已纳入我国"五位一体"的建设格局。但是，我国社会主义市场经济体制虽已初步建立，仍存在市场秩序不规范，生产要素市场发展滞后，市场规则不统一，有大量的部门保护主义和地方保护主义，各地区经济发展中的结构性矛盾突出，城乡均等化的公共服务体系尚未建立，社会阶层分化明显，"橄榄型"的收入分配格局还未形成，等等。

总之，面临当前行政环境中的这些积极因素、消极因素，地方政府在区域经济发展中的治理难度与以往大不相同，治理方式和手段已不合时宜，因而对进一步规范地方政府行为以推动区域经济发展提出了新要求。本章从中央政府与地方政府关系、地方政府与市场关系、地方政府履职方式三个维度，着重探讨规范地方政府行为的路径，以实现地方政府推动区域经济发展的有效作用。

第一节　行政生态观引领中央与地方政府利益关系的调整

新中国成立后，我国在政治环境方面确立了中国共产党的领导地位和执政地位，在经济环境方面选择了社会主义计划经济体制。与此相适应，行政管理体制实行中央高度集权的模式，出现中央政府权力过分集中的弊端。随后，经过改革开放中的简政放权，大大加强了地方政府分权的力度和广度。这种中央与地方权力结构的调整，最终以我国经济社会的快速增长获得了世人的认可。但是，分权所结成的中央与地方纵向权力关系在运行中出现的不协调，已不适应当前构建和谐社会的行政生态环境，需要进一步加以完善。

一、和谐社会的构建对中央与地方政府关系的调整

党的十六大明确提出建设社会主义和谐社会以后，各级地方政府作为主体，承担着更为繁重的任务，已纷纷从自身实际出发，开始践行构建和谐社会的新理念。从中央与地方政府的关系来看，和谐社会就是中央与地方政府角色及职能的科学划分与协调发展。

关于政府角色与职能的定位，学者们有不同的表述。比如，美国学者戴维·奥斯本、特德·盖布勒在他们发表的《改革政府》中，概括了政府的十种形象。其中，他们引用萨瓦斯"政府的职责是掌舵而不是划桨"，将"起催化作用的政府：掌舵而不是划桨"列为十种形象的首位。我国学者郑杭生从社会学角度，以所追求的目标为划分依据，提出"功利型"、"表现型"两种角色。功利型角色是指那些以追求效益和实际利益为目标的社会角色，企业最具典型性。表现型角色指不是以获取经济上的效益或报酬为目标，而是以表现社会制度与秩序、表现社会行

为规范、价值观念、伦理规范等为目标的社会角色,政府具有典型性。[1] 由此可见,定位"角色"、"职能"关乎行为主体的行为目标。

西方当代公共选择理论对政府角色和行为目标进行过剖析。公共选择理论借鉴经济学的观点和方法分析政治学,把经济领域的理性"经济人"假设引入政治领域,认为市场经济条件下,私人选择活动中适用的理性原则也同样适用于政治领域的公共选择活动。也就是说,"政治人"、政府以及政府官员的行为动机与"经济人"一样,也是利己的和理性的,也依据个人的偏好以最有利于自己的方式进行活动。政府官员总是倾向于使其部门的预算最大化,就像企业家总是追求利润最大化一样。

公共选择理论为我们开辟了崭新的政府研究视角。根据公共选择理论,政府是公共利益的代表,政府行为和经济领域一样,属于政治行为。政府行为由人决策和实施,政府的行为规则由人制定。而人都是经济人,政府也是经济人,政治行为的主体个人本身是经济人。事实上,在政府利益中,已经分化为不同的利益主体。一是各级政府之间利益的层级化。每一级政府都有自己的利益(中央政府无非是国家利益的代表,代表全社会的公共利益,地方政府是辖区范围内公共利益的代表)。二是政府内部工作人员的个人利益。三是以政府机构为代表的部门利益等。其利益的实现程度和实现方式,对政府行为的影响客观存在。这对经济现实问题有较强的解释力。

中国经过30多年的经济市场化改革,社会发生了深刻的变化,利益结构逐步分化,出现了大量具有不同利益诉求的利益主体,意识到了各自的利益和要求。从中央角度看,中央利益是国家利益直接的、集中的、统一的体现,国家利益至上;从地方角度看,在中央利益外,客观存在着地方利益,地方利益以中央利益为前提,同时又有其相对独立性。过去曾经否定或无视地方利益,不注意照顾地方利益,结果无助于维护反而损害了国家利益。改革开放后,在财政分权的激励下,地方政府作为利益主体的身份日益明确,这也意味着地方政府有其相对独立的目标任务,如当地的经济增长率、就业率、地方资产包括社会资产、家庭资产的增值率等,地方政府的经济职能在于通过自己的经济行为,努力谋求地方利益的最大化。

中央利益与地方利益是统一的，但又有冲突。由于地方政府行为受地方利益所支配，所以在中央与地方、调控与经营发生矛盾时，必然有其偏好，即选择有利于地方利益的行为。前面提到的短期机会主义行为、重复建设等负面影响都能从这个矛盾中得到解释。

地方政府由地方官员组成，是经济工作的行为主体，他们也有其自身利益，成为决断其工作和行为的又一驱动因素。政府组织和政府官员寻求利益的最重要的行动应当是经济与政治同时进行的"寻租"活动。政治家或官员为了满足自己的需求，一方面，积极地创造人为的稀缺性——"创租"；另一方面，又利用各种途径向私人或利益集团寻求回报——"抽租"。政治家或官员就可以通过反复"创租"和"抽租"，与利益集团进行重复多次的"交易"，从而获得由利益集团提供的多种财富。前面提到的行政腐败丛生等行为都能从中得到解释。

因此，科学地划分中央与地方的政府职能，必须立足于解决两者的利益关系。

二、构建中央与地方和谐关系的具体内容

（一）完善中央政府与地方政府的事权和财权划分

在政府组织结构体系中，处于上、下层的中央政府和地方政府之间的职责分工，是维系一国政府机器有效运行的前提和基础。从效率的观点来看，中央政府不可能包揽一切国家事务，有些事情需要地方政府去做。可见，地方分权是一种必然。然而，分权也不是无限度的。任何超出一定限度和规则的地方分权，都可能成为阻碍社会政治、经济发展的陷阱。[2] 如何分权，可以说，人类至今没有找到权力分割的最佳点。不过，目前人们从中央与地方关系调整的实践中认识到，明确中央政府与地方政府的事权划分是规范中央与地方政府关系至关重要的问题。

事权就是处理事情的权力，也叫职权。我国现行的政府间职能配置关系主要是依据《中华人民共和国宪法》和地方组织法确定的。我国以《中华人民共和国宪法》列举的方式，列举了国务院必须实施的18项事权，而对地方政府，只规定了权限，并没有对其事权做出具体的列举。从法律上看，中央政府与地方各级政府之间的职能配置，除国防、外交等职能归中央政府专项管理外，其他职能基

本相似或雷同，只是在作用区域上有所区别，明显带有中央高度集权的计划经济体制色彩。因此，在分清层次、理顺关系的基础上，必须明确规范、合理界定和安排中央政府与地方政府的事权，特别是经济事权的划分。

首先，从中央政府与地方政府关系来看，要明确界定哪些事权归中央政府，哪些归地方政府。2013年《中共中央关于全面深化改革若干重大问题的决定》提出，要进一步简政放权，最大限度地减少中央政府对微观事务的管理，直接面向基层、量大面广、由地方管理更方便有效的经济社会事项，一律下放地方和基层管理。[3] 由此，界定的标准应是属于全国性、宏观性共同事务的事权，应由中央政府决策、承担和管理；属于地方性、微观性共同事务的事权，应由地方政府在中央统一政策许可范围内自行决策和承担，划归地方政府管理。

其次，从地方各级政府间的关系来看，要明确划分省、市、县、乡政府间的事权。界定的标准是受益和规模，政府活动或公共工程的规模庞大、难度大、技术要求高，受益对象是全省范围居民，事权归省，由省政府负责支出；若政府活动或公共工程规模小、难度低、技术要求不高，受益对象是市、县、乡范围居民，事权归市、县、乡，由其政府负责支出。

最后，从政府与企业、其他社会组织和私人间的关系来看，明确界定哪些事权归政府，哪些归企业、社会组织和个人。界定的标准是社会共同事务归政府，凡是市场能够有效提供的事务，事权归企业、社会组织和个人；市场不能或不能完全提供或协调的，只有政府出面组织才能实施的事务，事权归各级政府。

在各级政府事权范围中，目前各级政府所承担的政治、社会和公共事务边界基本上已经清楚，而经济建设、经济调节、经济管理方面的经济事权划分需要按照社会主义市场经济体制要求进行清理，进一步加以规范和完善。

在市场经济条件下，中央政府经济职能的重点是宏观调控。具体来说，中央政府调控经济的职责是：制定国民经济发展的中长期规划和目标，推动宏观经济持续稳定增长；保证社会总供给和总需求的基本平衡，维持物价基本稳定，促进充分就业目标的实现；提供全国性基础设施等公共物品，以此优化整个国民经济中的产业和产品结构；调节全国范围内的收入分配和再分配；制定全国统一的市场运行规则，维持竞争秩序；预防自然灾害和消除重大灾难的后果；等等。

地方政府在经济方面的事权是：制定和实施地区性经济社会发展规划；优化本地投资环境，促进地区资源优势的发挥；提供地区性公共物品；制定某些与全国统一市场运行相一致但又有利于本地市场有效运行的规则，维持地方经济秩序；治理污染，保护环境，维护生态平衡等。

以上中央和地方政府事权的界定只是粗线条的，完善事权的划分还要考虑我国市场化进程，也就是说，在现实生活中，随着经济发展阶段、市场体制完善程度，中央政府和地方政府之间必须维持一种动态的协调态势。总体态势是地方政府的事权范围在扩大。

事权划分是财权划分的前提，财权主要是指中央与地方政府财政收支的权限，财权是制约中央与地方关系的关键性制约因素。在财权划分上，1994年的分税制改革，将税种统一划分为中央税、地方税、中央与地方共享税，并在核定地方收支数额的基础上，实行了中央财政对地方财政的税收返还和转移支付制度。因此，解决中央与地方的财权问题，需要在明确界定事权边界的基础上，结合事权进一步形成较完善、规范的事权与财权相结合的分税制。在税种划分上，将关系到维护国家利益、有利于促进统一市场的发展、实施宏观调控所必需的税种划为国家税，作为中央财政的固定收入；将与地方经济和社会发展关系密切、税源分散、不妨碍统一市场的形成和发展、又适合地方征管的税种划为地方税；将同经济发展直接相关且数额较大的主体税，划为中央政府和地方政府的共享税，包括增值税、资源税等。在财政支出范围的调整上，中央财政应侧重承担全国性的支出项目，诸如以高新技术为基础的重大新兴产业的投资、全国性重要自然资源和环境保护设施的投资等；地方财政则侧重承担地区性的项目支出，因地制宜，同本地区的优势和特点相结合。

从当前发展状况看，随着服务型政府建设的推进，较之中央政府，地方政府承担大量微观方面的事务。依照事权与财权相统一原则，增强地方政府的支出能力具有现实性和必要性。为此，党的十八届三中全会提出了"要改进预算管理制度，完善税收制度，建立事权和支出责任相适应的制度"。[4] 根据党的十八届三中全会精神，赋予地方政府在提供公共品方面一定的优先权，并保障地方政府拥有较强的财政能力，这对形成良好的中央与地方财政关系至关重要。

（二）强化中央政府宏观调控的权威性

构建中央政府与地方政府之间的和谐关系，还应当强调，宏观调控权必须集中在中央，保持中央政府对宏观经济管理的权威。任何一个国家的国民经济作为一个整体，从保证国家宏观经济稳定和整体竞争力提升的角度出发，中央政府较之其他层级的政府具有明显的比较优势，中央政府的财政、金融、利率等干预政策和杠杆，要远比地方政府的干预有效。此外，在保证政策一致性和平衡地区间差距方面，只有中央政府有能力出面，采取收入分配和转移支付等有效政策，防止地区间过度差异而导致的冲突和经济发展不均衡的问题。

中国是一个多民族的、统一的单一制国家，正处在现代化进程中的关键时期。从现实的角度看，地方需要一个强大的、具有统筹管理能力的中央。中国历来是一个统一的整体，但是，这个统一整体的各个组成部分发展不平衡，拥有的资源不平衡，这就要求中央掌握一定的财力、人力和物力，以便有条件去平衡这些关系，缩小差距，减少冲突。特别是在世界经济全球化过程中，国与国之间的依赖性越来越强，需要中央政府统一指挥、参与双边和多边贸易合作和竞争，提高国民经济在世界市场上的整体竞争能力。如果没有中央权威，各自为政，容易形成"诸侯经济"。

因此，在中央与地方关系问题上，要维护政令的统一和中央的权威。关键是要中央政府应通过法律和制度创新来加强中央政府宏观调控的权威性以及对地方政府的刚性约束机制，保持中央政府和地方政府的调控目标和利益相一致。就地方政府而言，应把本地区的经济发展同全国的整体利益协调一致，按照国家宏观调控的基本要求，并结合本地的具体情况，搞好地方经济调节，以保证中央的宏观调控措施落到实处。

（三）构建中央与地方政府的利益均衡机制

构建中央与地方政府的利益均衡机制，有利于提高地方政府执行中央政策的力度。对此，在利益表达方面，要建立顺畅的利益表达渠道，充分发挥地方利益主体各自的利益表达功能；在利益引导方面，通过有效的利益引导机制，帮助各种利益主体树立正确的利益观念，尤其是引导地方政府树立科学发展观，正确处理各种利益关系；在利益约束方面，通过法律和制度来约束和规范各种利益主体的行为，使他们的利益追求被限制在法律允许的范围内，以保证国家、社会整体利益的最终实现；在利益调节方面，要建立有效的利益调节机制，基本满足不同利益主体的利益诉求；在利益补偿方面，通过有效的利益补偿机制，对利益受损主体给予一定的利益补偿，增强其对中央政策执行的主动性。

（四）健全和完善对地方权力的监督和制约

中央与地方的纵向权力划分明确，并在相关法律加以规范的前提下，如何保证中央政府和地方政府正确行使手中的权力，实现中央政府与地方政府关系的正常运转，就成为一个关键问题。尤其是在中央与地方分权合作制下，地方权力得以扩展，加之中国又处于社会转型过程中，制度不完善无法避免，这都增大了权力被滥用的可能性。如果对地方权力的监督和制约不力，就会出现地方和基层权力被滥用的危险。因此，处理中央与地方关系，还必须要健全和完善多方力量对地方的权力运行监控机制。

一是完善中央政府自上而下对地方权力的监控体系。主要通过经济手段和法律手段对地方政府使用中央财政拨款情况以及地方法规符合国家法律情况的行为进行重点监控。二是完善地方选民自下而上对地方权力的监控体系。主要通过选举、揭发、检举、控告等方式监督和制约地方政府权力的行使。三是完善人大、政协、新闻媒体、司法、检察系统对地方政府权力的监督和制约。

（五）建立合理的地方政府政绩考核机制

地方政府主导经济发展中出现的问题，也与当前我国中央政府对地方政府及其官员政绩考核的评价标准有关，考核机制在很大程度上影响地方政府的经济行为。

有关政府政绩考核机制问题，目前我国理论界还处于不断探索的过程中，已取得一些研究成果。如刘瑞在《政府经济管理行为分析》一书中，对政府经济职能的实施绩效问题设专章进行了卓有成效的探索。也有学者针对以速度论成败容易导致片面性的缺失，主张按集约型增长和可持续发展的要求设置考核指标体系，由注重考核产值增长转向同时考核经济效益如产值利税率、产品销售率、能源消耗率、成本下降率等，并考核产业结构的合理化程度和社会进步。本书仅提出以下思路：

（1）培育多元化的评价主体。目前政府考核基本上采取的是政府系统内部考核的方式，仅依靠上级考核，缺乏透明度，约束力不强。因此，要由原来的内部考核转向社会公开考核；由政府自我考核转向政府自我考核与社会、市场外部评价相结合，实现评价主体的多元化和社会化，使考核更加客观、透明、公正。对此，可通过组建和培育权威性、专业性的评估主体以及扶持和培育民间性和独立性的评价组织或机构等措施，从外部确立评价主体。

（2）设计合理的评价指标体系。在评价指标体系的设计上，要突破单纯以GDP为目标的缺陷和弊端，应能全面反映地方经济社会发展，把地方政府的工作引导到地方物质文明、精神文明、政治文明、生态文明和谐发展的轨道上。在评价指标体系的设计过程中，要进行充分论证，既要发挥专家的作用，也要积极吸纳公众的参与，保证评价指标体系的科学性与客观性。

（3）借鉴国外的成功经验。20世纪80年代以来，在新公共管理理论的影响下，西方发达国家掀起了政府再造的热潮，在政府改造过程中，国外许多地方政府已经探索出一些可以借鉴的实践经验，结合中国实际，可以构建中国的政府考核评价体系。

（4）加快政府考核评价体系的法律化进程。其应该包括：参加评价的主体法定，评价标准法定，评价程序法定，组织评价的机构法定，评价结果的权威性法定，政府部门对评价结果的回应法定等。

第二节　行政生态观引领地方政府职能转变

处理好中央政府与地方政府的关系，可以说是发挥地方政府积极性、促进区域经济协调发展的重要途径。然而，市场经济条件下，如何处理好政府与市场的关系，对于区域经济发展而言更为关键。实践证明，"市场多一点"还是"政府多一点"不是一成不变的，随着国家（地区）经济环境的变化而不断变化。目前，我国社会主义市场经济体制基本确立，政府模式逐步向服务型政府转变。为此，推进地方政府职能转变，对矫正地方政府不规范行为、实现区域经济和谐发展至关重要。

一、服务型政府建设与地方政府职能转变

关于服务型政府，学术界已经进行了较为广泛的研究。据考证，"服务型政府"一词最早见于德国行政法学家厄斯特·福斯多夫于1938年发表的《作为服务主体的行政》一文。在我国，服务型政府是20世纪90年代出现的一个概念。最先是由一些地方政府和学者提出的，多半是从具体措施着手，或与经济体制改革配套。如，广东顺德1995年就提出了"六个行政"的理念，即依法行政、规范行政、高效行政、透明行政、服务行政和廉洁行政；并开展了"三为服务"，即为改革开放服务、为经济建设服务、为群众服务的活动。2001年以后，在成都、南京、重庆等地也陆续有了这方面的讨论和实践。中央决策层从2004年开始关注这一命题。2004年，温家宝发表了《提高认识，统一思想，牢固树立和认真落实科学发展观》的讲话，首次提出要"努力建设服务型政府"的命题。在2005年召开的全国人大十届三次会议上，建设服务型政府被写进了政府工作报告，经人大批准而变成国家意志。胡锦涛2005年两次讲到这个问题，2007年党的十七大报告更是明确提出"加快行政管理体制改革，建设服务型政府"，从而把我国服务型政府的建设提高到体制改革目标的价值层面。

在国内学术研究中，有许多学者阐释过"服务型政府"的内涵。主要有以下视角：一是从政府与公民关系视角。如刘熙瑞认为，服务型政府是彻底实现以人为本的政府（从"以官为本"转到"以民为本"）。二是从政府职能重塑视角。如汪来杰认为，构建服务型政府，必须先明确地方政府的职能定位。相对于中央政府调控——服务型职能定位而言，地方政府职能的服务型更加突出，应是公共服务型政府。三是从政府类型历史演进视角。如张康之提出了统治行政、管理行政和服务行政三个前后递进转变的概念。

综观理论研究和政府改革实践，要建设服务型政府，优化行政职能与结构，转变地方政府职能是核心。按照党的十八届三中全会提出"加强地方政府公共服务、社会管理、市场监管、环境保护等方面职责"[5]的要求。地方政府作为连

接中央与社会成员的中间环节，其职能重点在于提供辖区范围内公民所需的公共产品，而把不该管、管不好的事交给企业、市场、社会组织和中间机构。

传统观点认为，公共产品是典型的"市场失灵"领域，必须由政府来提供。政府要履行为经济发展提供制度环境和基础服务的职能也离不开公共物品的充分供应与利用。尤其是中国计划经济时期的全能型政府实践以及公共产品供给不足的现实，这些都为当前我国地方政府大规模投资于基础设施等公共产品生产的行为提供了理论和现实依据，从而也为中国经济的快速发展和满足居民需求发挥了应有的作用。但是，政府提供公共产品，其供给能力有限也是必然的。根据"瓦格拉法则"（在经济发展的过程中，随着人们收入的提高，人们对公共物品的需求增长将超过人均收入的增长，即人们对公共物品的收入需求弹性较大），政府所提供的公共产品，随着经济的发展、经济规模的扩大，其社会需求不断增长、范围不断扩大。而政府供给能力虽也呈现出长期上升的趋势，但是其作为社会生产能力的组成部分，会受到社会生产能力增长的限制，社会生产能力在任何时期都是有限的，因此，政府供给能力也就不可能是无限的。在政府供给能力有限的情况下，必然做出有利于自身利益的选择。这从当前地方政府的行为中表现出来。

基于地方政府之间竞争的加剧，任何地方政府都不可避免地会遇到政绩考察的压力，但是它们却已经不可能再像以前那样投资私人产品领域了，根本没有能力去和那些富有活力的民营企业进行竞争，唯一选择就是进行公共产品领域投资。而在地方财政收入规模有限的情况下，短期内直接有利于地方经济发展的选择就是进行基础设施建设投资，开展市政建设工程，经营城市。从而也导致地方公共产品供给结构不平衡。这从各地教育、医疗卫生等公共产品在财政支出中所占比重偏小的现象可以得到证明。可见，解决地方政府在公共产品供给中的不足，根本途径在于规范地方政府在公共产品供给中的职责。

二、规范地方政府公共产品供给职责的思路

（一）改革地方政府供给公共产品的方式

公共产品根据其特性又可以区分为纯公共产品和准公共产品。纯公共产品是

指具有消费的完全非排他性和完全非竞争性这两方面特性的物品。但在现实中，许多物品并不同时具备这两项特征。有些物品只符合非排他性条件，但不符合非竞争性的条件，如河水、海洋资源。还有的物品具有非排他性的特性，在消费上也不具有竞争性，但这种特点到一定程度就会消失，出现排他性和竞争性，如电影院、图书馆等，这些物品就是准公共产品。传统公共产品理论在分析公共产品特性的基础上，阐明了公共产品必须由政府供给。但是，随着实践的发展和对公共产品研究的深入，人们认识到：政府供给公共产品并不意味着就要由政府来生产公共产品；政府生产公共产品，也并不意味着就要由政府垄断公共产品的一切生产环节。

以美国打破电信业垄断为例：20世纪50年代以前，美国电信市场呈现出完全垄断的局面，美国电报电话公司垄断了全部长途电话业务和80%的市内电话服务。这种垄断局面部分起源于20世纪20年代政府的管制政策，该政策禁止其他企业进入这个行业。随着技术的进步，其他企业开始谋求进入电信市场，随即导致了电信管制政策的改革。

1969年，美国联邦通信委员会批准微波通信公司在圣路易斯和芝加哥之间建设微波线路的申请，从而率先将竞争机制引入长途通信领域。1982年，美国最高法院决定将美国电报电话公司中的贝尔系统事业与西部电器公司分离，从而将美国电报电话公司的通信设备部门从电信服务部门剥离出去，使长话市场真正形成竞争结构。20世纪90年代，手机的出现给电信行业带来了新的竞争局面，在反垄断的压力下，美国电报电话公司被迫分成7个公司。[6] 改革开放以来，中国公共行业也取得了明显成效。如电信业，1998年邮电分家，2000年中国电信一分为四，2001年中国电信被分为南北两半，经过重组形成了中国网通、中国电信、中国移动、中国联通和铁通五家竞争的格局，电信资费和手机价格大幅度下降。

国内外公共产品供给实践表明，地方政府在地方公共产品供给领域，也要改革公共产品供给方式，区分公共产品的生产与提供、直接生产与间接生产，打破政府垄断，引入竞争机制，允许多元投资主体介入公共行业，促进市场竞争，实现地方社会福利的最大化。

（二）完善公共产品的制度供给

诺斯认为，所谓制度是一个社会的游戏规则，更规范地说，它们是为决定人们之间相互关系而人为设定的一些制约。可见，制度可以强制性地、最大限度地克服机会主义行为，使人们对行为的结果产生预期，从而起到激励的作用。

以"分粥"规则为例：所谓"分粥"规则，是罗尔斯在其所著《正义论》中提出的。他把社会财富比作一锅粥，一群人来分粥，可能有五种分粥的办法：

（1）指定一个人全权负责分粥。但很快大家就发现，这个人为自己分的粥最多。于是又换了一个人，结果还是一样，负责分粥的人碗里最多。

（2）大家轮流坐庄，每人一天。每个人一周里总有一天撑得嘴歪眼斜，其余六天都是饥饿难耐。这种方法不仅不能消除不公平，还会造成资源的巨大浪费。

（3）大家选举一个信得过的人。开始这位品德高尚的人还能公平分粥，但不久他便给拍马溜须的人和自己多分，又变得不公平了。

（4）成立分粥委员会和监察委员会，形成分权和制约。这样，公平基本做到了，可是由于监察委员会经常提出种种质疑，分粥委员会又据理力争，等到粥分完了，早就凉透了。

（5）在没有精确计量的情况下，无论选择谁来分，都会有利己嫌疑。解决的方法就是第五种——分粥者最后喝粥，要等所有人把粥领走了，分粥者自己才能取剩下的那份。因为让分粥者最后领粥，就给分粥者提出了一个最起码的要求：每碗粥都要分得很均匀。只有这样，自己才不至于吃亏。因此，分粥者即使只为自己着想，结果也是公平、公正的。[7] 上述案例表明，制度至关重要。地方政府作为管理者和公共产品的投资经营者，垄断着公共资源，在公共产品领域供给主体多元化的趋势下，对关系国计民生的社会公共行业，必须承担起规则制定者的责任，制定内外统一管理的标准。具体内容主要包括以下三个方面：

第一，有关市场准入的制度。从法律上保证政府、私营企业等多元主体都可以参与公共产品投资经营的合法性。

第二，有关公共产品生产的约束制度。由于在一些自然垄断性的网络系统，打破政府垄断就容易形成新的私营垄断，这比政府垄断更容易侵害公众利益，因此放松管制并不等于放弃政府对市场的约束责任。政府必须对从事这些生产的企业在公共产品生产的质量标准、环境标准、成本标准、价格标准等方面进行必要的制度约束，以保障消费者的权益。

第三，有关公共产品生产的激励制度。由于一些公共产品存在投资大、见效慢、周期长、风险高等问题，一般私营企业不愿介入。为了增加公共产品的供给，解决政府投资不足的问题，地方政府可以通过向私人企业或非营利部门提供财政补贴和税收优惠激励公共产品的生产。我国目前非营利组织和私人资本的力量仍然较小，如果政府对于私人企业和非营利机构在这一领域提供一定资助，显然可以引导和激励更多的民间力量在提供诸如基础科学研究、高技术开发、教育等公共产品中发挥作用。

（三）加强对公共产品领域的监督管理

建立和完善社会主义市场经济体制，离不开政府对市场的有效监管。政府作为制度的供给者，要通过制定和执行相关法律法规，切实履行在市场监管方面的职能。尤其是在公共产品领域引入市场竞争机制的情况下，地方政府作为地区市场发展的直接管理主体，其担负的责任更加重大，更需要强化其市场的监管职责。

加强对公共产品领域的监管，就是要对公共产品的生产、定价、供给质量和公共资金的使用情况等方面实行严格的监督和管理。

（1）要对公共产品生产过程实施经常性监督，包括事前、事中、事后各环节的监督。事前监督是一种积极的监督，而事后监督是一种消极、被动的监督，所以，应更加注重对公共产品生产进行严格的事前审查监督。比如，中国香港特别行政区政府对于工程建设的前期工作做得极其充分，依照法律程序进行仔细、充分的可行性研究、工程预算、资金准备，每项工作的确定程度都很高，建设方案和资金使用量变化很小，为工程的规范实施打下了良好的基础。再如，法国政府的财政监察部门对每一项公共工程都要详细审查招标过程的每一个环节，对整个程序是否符合法律规范，是否依法刊登公告、企业的选择是否通过充分竞争等进行严密的监督，还要随时掌握用款单位账户资金增减变动的情况、资金去向以及审查资金使用是否合法合规，并对违法违规行为进行严肃查处。[8]

（2）要加强对公共产品供给质量的监督和管理。公共产品质量问题，事关老百姓切身利益,更是对地方政府责任度的考验。2008年的汶川大地震,在社会上引发出对学校校舍质量问题的讨论就是例证。类似问题的存在,暴露出地方政府的市场监管职责亟待提高。尤其要严格执法,对那些偷工减料、以次充优、私自转包、降低技术标准等违法违规的行为要严肃查处,把处理事和处罚人结合起来,把行政处罚和刑事处罚结合起来,硬化手段,依法监督,违法必究,树立法律的权威。

(四)突出政府提供公平的社会保障责任

社会保障是政府的重要职能,也是重要的公共事业之一。它的发展不仅使无收入者获得基本生活条件,也使低收入者的生活得以改善,从而有效减少贫困现象,缓和社会矛盾,促进社会安定。同时,它还能促进社会经济稳定运行,保障劳动力再生产,促进社会相对公平。因此,各国政府在社会保障中发挥着关键作用。目前,针对我国贫富差距大和地区经济发展不平衡的现实,必须依靠中央政府与地方政府共同承担和分级实施社会保障的责任。尤其是地方政府的"缺位"严重制约了我国社会保障事业的完善和发展,更应承担起提供社会保障的责任。重点改善以下不公平现象。

第一,居民最低生活保障制度的不公平,主要反映在城镇居民之间。到目前为止,城市低保制度已经基本覆盖了所有城市和县政府所在地的镇。根据民政部的统计,截至2004年3月,全国936万城市居民家庭中的2249万人正在享受低保补贴,人均每月低保补贴61元。城市居民最低生活保障制度在城市扶贫工作中发挥着重大作用。但也必须看到,由于城市低保制度实施时间不长,经验也不足,并且由于城市低保主要由地方政府负责,区域经济实力又存在差异,全国并没有一个统一的标准,各地在实施中表现出巨大的差异。比如,在补贴标准上,不同的城市差异也比较大,同为大城市的北京市和天津市,人均补贴标准相差上百元。一些西部地区的县级低保补贴标准只有十多元。因此,各地政府应在原有基础上逐步使这一做法制度化、规范化、社会化。

第二,社会保障制度的覆盖面狭窄,主要反映在城乡居民的不平等。中共十七大以前,我国社会保障事业一直将重点放在城镇,占总人口绝大多数的农村居民基本没有被纳入社会保障范围。据有关资料显示,"已市民化的外来农民工参加养老保险、医疗保险的只有4%和2.7%，而尚未市民化的农民工更不可能进入社会保险范围"。[9] 虽然中共十七大提出，要求"覆盖城乡居民的社会保障体系基本建立，人人享有基本生活保障"，农村社会保障制度开始逐步实施，但在保障项目、保障水平、保障范围等方面远不及城镇居民。现实中的一个难点是如何对待转移到城市中的农民工的社会保障问题。对此，有的学者主张构建一个过渡的社会保障体系，即"三元社会保障体系结构"。对农民工实行阶段性相对独立的社会保障制度。目前，可采取以下措施。一是"三险"保障，当务之急是解决在城市就业的农民工的工伤保险、医疗保险。二是"最低生存"保障。任何一个社会，都有对弱势群体提供最低生存消费保障的责任。建议由地方政府建立"最低生存"保障机制，为那些失业或身无分文的农民工提供暂时的救助。三是"劳动技能"保障。外来农民工一般没有接受过良好的教育和培训，这也是他们容易陷入贫困的关键原因，因此，地方政府增加对外来农民工劳动技能培训的投入是一种长久之策。无论如何，解决社会保障中的不公平现象，对构建和谐社会以及服务型政府转型都是刻不容缓的。

第三节　行政生态观引领地方政府主导区域经济发展方式的转变

方式、方法是实现目标的途径。毛泽东曾把方法比作完成任务的"船"和"桥"，他指出，"我们不但要提出任务，而且要解决完成任务的方法问题。我们的任务是过河，但是没有桥或没有船就不能过。不解决桥或船的问题，过河就是一句空话。不解决方法问题，任务也只是瞎说一顿"。[10] 这种形象的比喻，生动而深刻地说明了解决方法问题对于完成任务的重要性。同样，实现区域经济协调发展，有赖于地方政府采取适合当前行政生态环境的方式、方法。

一、依法治国理念与地方政府主导经济增长方式的转变

区域经济发展需要各种生产要素的投入。而且，各生产要素的组合方式不同，区域经济结构和发展状况也会出现差异。通常我们把经济增长方式分为粗放型和集约型。粗放型增长方式的特征是依靠生产要素的数量扩张实现增长，如依靠资金、物资、劳动力投入，上新项目、铺新摊子。结果往往是高投入，高消耗，效益低下，给资源、环境造成了压力。集约型增长方式的特征在于主要依靠生产要素的质量提升，如科技进步、更新改造、管理和体制创新，以及劳动者素质的提高。结果是降低消耗，效益提高。从我国经济发展实践看，不同历史时期，经济增长方式和政府管理手段选择也存在差异。

新中国成立后，在"一穷二白"的基础上，政府选择"计划"手段，完成了社会主义经济建设任务。改革开放后，政府采取计划、法律、经济等多样化管理手段，实现了中国经济高速增长。但是，回顾改革开放 30 多年来，中国经济的快速增长，在很大程度上可以说是以地方政府作为经济增长动力的。因为中央政府在职能转换中，其职能重点已转变为宏观调控，不再担当计划经济体制时期经济增长主体的角色，地方政府已转变为事实上的经济增长主体。但是，与经济增长相伴随的是环境污染、土地资源紧张、经济结构不合理等问题的日趋明显。这些问题表明，我国地方政府推动经济增长明显是一种粗放型的经济增长。比如，内蒙古鄂尔多斯市，2007 年投资、消费、出口对经济增长的贡献率分别为 76.9%、10.1%、13%。另据有关资料显示，2006 年我国消耗了世界上 15%的煤炭、30%的钢铁和 54%的水泥，却只创造出了世界上 5.5%的 GDP。地方政府偏好于投资，追求经济总量增长的短期速度，往往缺乏对效益的充分关注和对结构长期考虑的经济行为，既来自于经济发展初期加快发展速度的愿望，也来自于地方政府对政绩的追求。同时，也是受计划经济体制的惯性影响。而且，履行经济职能的手段，注重行政手段，偏向于直接管理。但无论如何，以往所采取的经济增长方式和管理手段，与当前党中央提出的结构性调整、"供给侧"改革和依法治国的发展思路不相适应。

依法治国落实到行政行为上就是"依法行政"。依法行政是现代法治国家政府行使行政权力时普遍遵循的一项基本原则，也是各国政府行政活动的一个显著

特点。与此相适应，法律手段也是政府实施行政管理的主要手段。因此，行政生态环境的变化和地方政府行政职能重心的转移，凸显了地方政府行政职能方式转变的必要性与紧迫性。

二、地方政府经济职能方式转变的基本思路

（一）制定实施以科学发展观为指导的地区经济发展战略

党的十六届三中全会通过的《中共中央关于完善社会主义市场经济体制若干问题的决定》，首次提出"坚持以人为本，树立全面、协调、可持续的发展观，促进经济社会和人的全面发展"的科学发展观。这是历史性的突破，标志着中国将进入一个经济社会和人的全面发展的新阶段。特别是中共十八届三中全会通过的《中共中央关于全面深化改革若干重大问题的决定》中，对政府和市场关系的认识有了新突破，提出"使市场在资源配置中起决定性作用和更好发挥政府作用"。[11] 要使市场在资源配置中发挥决定性作用，政府是关键。

（1）地方政府领导要确立新的发展观念，制定和实施以科学发展观为指导的地区经济发展战略。思想是行动的先导，没有观念的更新，就不会有行动的转变。在观念更新上，要进一步解放思想。以往许多地方政府把"先发展，后规范"、"先繁荣，后治理"、"先上车，后买票"、"先经营，后办照"等违规做法作为招商引资、加快地区经济发展的法宝，这些发展思路显然不符合科学发展观的要求。因此，地方政府在引进项目，搞好地区生产力布局和确立地区产业发展战略规划上要切实体现科学发展观的宗旨。贯彻习近平总书记提出的"要正确处理好经济发展同生态环境保护的关系，牢固树立保护生态环境就是保护生产力、改善生态环境就是发展生产力的理念，更加自觉地推动绿色发展、循环发展、低碳发展，决不以牺牲环境为代价去换取一时的经济增长"。[12]

（2）强化地区经济发展战略规划与管理。在科学发展观的指导下，地方实现可持续发展目标的设定，将地方战略规划与管理推上了一个新的高度，因此，在新的发展阶段，地方政府应强化这一职能，以促进地方经济社会的良性发展。在强化地区经济发展战略规划与管理上，应以建设法治政府为目标，将地区经济发展战略规划纳入法制化建设轨道，避免因主要领导人的更替而改变。在区域经济

发展战略规划实施中，特别要发挥中央和上一级地方政府及其权力机关对地方政府的监督作用，约束地方政府的不规范行为，并以健全地方官员行政问责机制为保障，确保科学发展观的真正落实。

（二）减少行政审批，推动企业提高自主创新能力

虽然政府管制是克服市场失灵的一种治理机制，但政府管制与市场机制之间的相互替代是一种动态的过程。也就是说，当政府行为不能实现资源的最佳配置时，便产生了寻租、腐败等扭曲资源配置的市场绩效，也就会出现管制失灵现象。这时的市场要求是希望政府放松管制。据中纪委研究室编的《党风廉政建设和纪检监察工作资料库》显示，涉及党政干部职务犯罪的 50 宗案件中，行政审批犯罪有 45 宗，占党政干部犯罪总数的 90%。

如何才能减少管制带来的弊端？当前中央和各地方政府正在大力推进行政审批制度改革，应该说是非常迫切的选择之一。因此，要使市场在资源配置中发挥决定性作用，各地方政府、各部门就要以削减行政审批项目，改革审批方式为突破口，对审批制度进行大刀阔斧式的改革。市场机制能有效调节的经济活动"一律取消审批"，最大限度地减少政府对微观经济领域的管理，激发企业的创造活力。

在我国粗放型经济增长因素的测算中，要素投入的增加对我国经济增长的贡献率在 60% 以上，技术进步的贡献率不足 30%，远远低于发达国家 60% 以上的水平。从企业角度出发，我国企业的自主创新能力普遍不足，技术进步主要依赖引进，许多企业满足于通过购买技术、新设备，获得低附加值的短期效益，原因就是没有建立一套有利于技术创新的体制，表现在知识产权保护制度的缺陷，税收政策力度不够、门槛过高、范围偏小，政府采购不完善以及企业风险投资机制不完善等方面。基于这种状况，虽然多年以前就提出把经济发展转移到依靠科技进步的轨道上来，其实质就是转变经济增长方式。国家和地方也先后提出过"科教兴国"、"科教兴省"、"科教兴市"战略，目的也在于转变经济增长方式。但实施效果并不理想，因此，"科教兴省（市）"的关键在于实施。所以，在新的发展阶段，就地方政府而言，推动经济发展必须把增强自主创新能力作为本地区经济发展战略。要完善企业技术创新机制，增加技术研发投入，对此可借鉴国外一些做法。如，20世纪六七十年代，韩国大量引进国外先进技术，但不是简单引进，而是在引进中消化和吸收。他们每引进1美元技术要拿出5美元的配套资金来消化。20世纪80年代后，韩国企业开始设立研究开发机构，目前研发机构超过10000家。韩国前30强上市企业的研发投入，平均占其销售收入的3.15%，而我国企业的技术开发情况远不如韩国。据国家统计局统计，全国大中型企业中，有71%的企业没有技术开发机构，2/3的企业没有技术开发活动。所以，政府要建立健全企业技术创新支持体系，改善软硬环境建设，提高科技竞争力，要更多地依靠科技进步、劳动者素质提高和管理创新来实现地区经济增长，走构建比较优势、主要依靠科技进步和人力资本带动的以自主创新为主导的经济发展之路。

（三）通过制度创新来促进经济增长方式的转变

目前，我国还没有建立起完善的社会主义市场经济体制，因此，除前文所述的地方政府追求政绩的动因外，体制惯性也是影响经济增长方式的一个主要因素。比如，在资源配置上，传统的管理体制没有根本改变，政府控制着整个经济的运行，市场机制还不能充分发挥作用：一是现有的土地制度，使土地成为政府的主要收入来源和招商引资的手段，造成土地价格不能反映其价值，降低了土地利用效率，浪费严重。二是在利率还没有实现市场化的条件下，利率不能反映资金供求关系，信贷资金的配置往往受政府行政干预，信贷资金的低成本也诱使企业扩大规模、上项目。三是在现有的矿产资源开采体制下，政府控制着准入权和定价权，总体价格水平偏低，扭曲了市场的价格信号，难以反映资源的相对稀缺程度，造成资源的浪费，利用效率不高。因此，要实现经济增长方式的根本转变，就必须进行制度创新。其关键是要改变资源的定价机制，加快建立资本、土地、自然资源等生产要素市场，由市场来决定资源价格，使资源价格反映稀缺程度，促进资源的节约和有效利用。

此外，转变经济增长方式，需要在全社会形成节约意识和风气。要运用法律、行政、教育和经济等手段建立有效的激励和惩罚机制，促使人们形成节约资源的良好习惯。各地方、各部门、各单位都要建立健全资源节约责任制，并将其纳入日常管理和工作考核当中。发挥舆论媒体的功效，不断提高公民的资源忧患意识和节约意识，形成崇尚节俭、合理消费、适度消费的理念，建设节约型社会。

本章注释

[1] 龚霄侠. 推进主体功能区形成的区域补偿政策研究 [J]. 兰州大学学报（社会科学版），2009，37（4）.

[2] 孙柏瑛. 当代地方治理 [M]. 北京：中国人民大学出版社，2004.

[3][4][5][11] 中共中央关于全面深化改革若干重大问题的决定 [M]. 北京：人民出版社，2013.

[6] 刘靖华等. 政府创新 [M]. 北京：中国社会科学出版社，2002.

[7] 门睿. 劳心者定律 [M]. 北京：经济日报出版社，2005.

[8] 易重华. 中国地方政府转型 [M]. 北京：中国社会科学出版社，2008.

[9] 徐婧. 社会保障中的政府责任浅析 [J]. 经济研究导刊，2011（16）.

[10] 毛泽东. 毛泽东选集 [M]. 北京：人民出版社，1968.

[12] 樊继达. 更好发挥政府作用的理论思考 [J]. 经济研究参考，2014（24）.

第八章　本书结论

地方政府是指包括地方党委、立法机关、司法机关和行政机关在内的广义的一个"政府单元",它集中体现了中国国情。地方政府的主导作用是指地方政府借助行政、经济、法律等手段,集中本区域内经济资源,在地方经济运行和发展中所发挥的"定向"、"导向"和"协调"作用。依据其作用力度和范围可具体分为宏观调节性主导作用、微观管制性主导作用、直接参与性主导作用三个层次。

地方政府主导地区经济发展是由两个关键因素所决定的。一是地方政府由传统体制下的行政执行主体转变为具有独立经济利益的经济主体。意味着地方政府成为和企业一样追逐地方收益最大化的利益主体,有条件研究制定本地区的经济发展战略和计划,促成地方经济的空前发展。二是地方政府由中央意志的执行者转变为地区事务的决策者。更广泛地说,地方政府的主导作用是随着中国社会转型、党的工作重心转移、经济体制转变、行政分权改革等客观环境变化后逐步呈现出的。改革开放30多年来,之所以出现中国经济高速增长和各区域经济差异化发展,既有改革开放所激发出的活力,也有我国自身比较优势的显现等方面的原因。但是,毋庸讳言,在多种因素中,地方政府的主导作用是一个关键性因素。无论是以长三角、珠三角为代表的发达地区,还是以内蒙古"金三角"为代表的欠发达地区经济发展的实践经验,都表明了地方政府在地区经济发展中的主导作用,这对地区经济增长乃至我国经济快速发展做出了巨大的贡献。

当然,从辩证的角度出发,地方政府在发挥主导作用、促进辖区经济增长的同时,也存在一些"越位"、"错位"、"缺位"所造成的"政府失灵"现象。如何转变地方政府职能及其实现方式,以促进中国经济稳定增长及区域经济的协调发展成为一个重大的理论和现实问题，其中最核心的有两点。一是如何处理好国家利益与地区利益的关系，让地方政府在遵从中央政府宏观调控目标的指导下，最大限度地发挥主动性，成为区域经济发展的一方动力。二是如何划分政府与市场边界，使市场在资源配置中起决定性作用和更好地发挥地方政府的作用，让市场成为区域经济发展的另一方动力。从行政系统与行政生态环境的互动影响出发，笔者提出以下两点：

（1）区域经济发展中，地方政府职能转变必须明确中央和地方政府各自的事权及相应承担支出责任的划分，促进中央与地方政府关系的良性互动。区域经济发展中很多问题都涉及中央与地方政府的关系。在中央统一领导的前提下，扩大地方的权力，给地方更多的独立性，让地方办更多的事情是改革以来的基本思路。但是，随着利益主体多元化和利益分化的发展，解决地方利益与中央利益的冲突是实现中央与地方关系和谐发展的关键。从目前状况看，在中央和地方政府的关系中，存在着许多中央与地方共享事权，其中出现的分工模糊、权与相应财力不匹配问题广受诟病。因此，要解决利益问题，在既保证中央权威，又能调动地方政府积极性的前提下，必须始终坚持"责、权、利"相统一原则。合理划分中央与地方政府的职能范围，明确其职责权限和应享有的利益。通过中央政府、地方政府职能转变，理顺和强化两者的职能关系、财政关系。

（2）区域经济发展中，地方政府职能转变必须明确地方政府和市场各自作用范围的划分，促进政府与市场关系的良性互动。西方经济学从"市场失灵"所产生的弊端中阐释了政府干预经济的必要性。实践证明，虽然区域经济发展中，市场与政府是不可替代的两种力量。但是，政府如果做错了事，同样会出现"政府失灵"。纵观中国30多年的改革历程，始终围绕着政府与市场关系而发展变革。目前，我国社会主义市场经济体制已经初步建立，进入完善市场经济体制阶段。但是，各区域经济发展不平衡，市场化程度不同，政府与市场作用范围在不同区域、不同领域也呈现出某种差异性（主要反映在发达与欠发达地区经济发展中）。总体而言，经济运行中政府对经济干预过多，方式偏重于行政手段。因此，处理好区域经济发展中政府与市场关系，解决"政府失灵"问题，更好地发挥地方政府的作用，必须遵循市场决定资源配置的市场经济规律，明确划分政府与市场边界。通过地方政府职能转变,把属于竞争性的领域还给市场,重点介入、做好"市场失灵"需要政府发挥弥补性作用的领域。

总之,要以党的十八届三中全会提出的中央和地方政府的关系、政府和市场关系认识为根本指针,在调整中央与地方政府关系上,坚持国防、外交、国家安全、关系全国统一市场规则和管理等作为中央事权;部分社会保障、跨区域重大项目建设维护等作为中央和地方共同事权;地方性公共服务、社会管理、市场监管、环境保护等微观方面作为地方政府事权;逐步理顺央地事权关系;在处理政府与市场关系上,既要发挥市场作用,也要发挥政府作用。坚持既要发挥好市场在资源配置中的"决定性"作用,也要发挥好政府在"保持宏观经济稳定,加强和优化公共服务,保障公平竞争,加强市场监管,维护市场秩序,推动可持续发展,促进共同富裕,弥补市场失灵"方面的作用。努力实现区域经济发展中资源供给的帕累托最优局面。

参考文献

[1] 马克思，恩格斯. 马克思恩格斯选集（第1卷）[M]. 北京：人民出版社，1995.

[2] 马克思，恩格斯. 马克思恩格斯选集（第3卷）[M]. 北京：人民出版社，1995.

[3] 马克思，恩格斯. 马克思恩格斯选集（第4卷）[M]. 北京：人民出版社，1995.

[4] 马克思，恩格斯. 马克思恩格斯全集（第3卷）[M]. 北京：人民出版社，1956.

[5] 马克思，恩格斯. 马克思恩格斯全集（第41卷）[M]. 北京：人民出版社，1982.

[6] 列宁. 列宁选集（第3卷）[M]. 北京：人民出版社，1972.

[7] 列宁. 列宁选集（第4卷）[M]. 北京：人民出版社，1972.

[8] 毛泽东. 毛泽东选集（合订本）[M]. 北京：人民出版社，1974.

[9] 毛泽东. 毛泽东选集（第2卷）[M]. 北京：人民出版社，1991.

[10] 毛泽东. 毛泽东著作选读（下册）[M]. 北京：人民出版社，1986.

[11] 邓小平. 邓小平文选（第1卷）[M]. 北京：人民出版社，1993.

[12] 邓小平. 邓小平文选（第3卷）[M]. 北京：人民出版社，1993.

[13] 江泽民. 江泽民文选 [M]. 北京：人民出版社，2006.

[14] 中共中央文献研究室. 三中全会以来重要文献选编（下）[M]. 北京：人民出版社，1982.

[15] 中共中央文献研究室. 十二大以来重要文献选编（中）[M]. 北京：人

民出版社，1986.

[16] 中共中央文献研究室. 十八大以来重要文献选编（上）[M]. 北京：中央文献出版社，2014.

[17] 中共中央关于全面深化改革若干重大问题的决定 [M]. 北京：人民出版社，2013.

[18] 中国大百科全书 [M]. 北京：中国大百科全书出版社，1992.

[19] 薄贵利. 近现代地方政府比较 [M]. 北京：光明日报出版社，1988.

[20] 关山，姜洪. 块块经济学 [M]. 北京：海洋出版社，1990.

[21] 吴敬琏. 当代中国经济改革 [M]. 上海：上海远东出版社，2004.

[22] 张梦中，马克·霍哲. 探索中的中国公共管理 [M]. 广州：中山大学出版社，2002.

[23] 易重华. 中国地方政府转型 [M]. 北京：中国社会科学出版社，2008.

[24] 王惠岩. 政治学原理 [M]. 北京：高等教育出版社，1999.

[25] 霍布斯. 利维坦 [M]. 北京：商务印书馆，1985.

[26] 乔榛. 中国地方政府规制改革研究 [M]. 北京：经济科学出版社，2006.

[27] 洛克. 政府论（下篇）[M]. 北京：商务印书馆，1964.

[28] 卢梭. 社会契约论 [M]. 北京：商务印书馆，1980.

[29] 丹尼斯·C.缪勒. 公共选择理论 [M]. 北京：中国社会科学出版社，1999.

[30] 顾平安. 政府发展论 [M]. 北京：中国社会科学出版社，2005.

[31] 查尔斯·林德布洛姆. 政治与市场 [M]. 上海：上海人民出版社，1998.

[32] 亚当·斯密. 国富论（下卷）[M]. 西安：陕西人民出版社，2001.

[33] 萨伊. 政治经济学概论 [M]. 北京：商务印书馆，1982.

[34] 凯恩斯. 就业、利息和货币通论 [M]. 北京：商务印书馆，1981.

[35] 高萍. 经济发展新阶段政府经济职能的创新 [M]. 北京：中国财政经济出版社，2004.

[36] 李国峰. 中国区域经济发展中的地方政府投资行为分析 [M]. 北京：企

业管理出版社，2008.

[37] 王东京，田清旺，赵锦辉. 中国经济改革30年：政府转型卷 [M]. 重庆：重庆大学出版社，2008.

[38] 张岩鸿. 市场经济条件下政府经济职能规范研究 [M]. 北京：人民出版社，2004.

[39] 托克维尔. 论美国的民主（上）[M]. 北京：商务印书馆，1988.

[40] 吴柏均，钱世超等. 政府主导下的区域经济发展 [M]. 上海：华东理工大学出版社，2006.

[41] 孙柏瑛. 当代地方治理 [M]. 北京：中国人民大学出版社，2004.

[42] 张耀辉. 区域经济理论与地区经济发展 [M]. 北京：中国计划出版社，1999.

[43] 沈立人. 地方政府的经济职能和经济行为 [M]. 上海：上海远东出版社，1998.

[44] 狄帕克·拉尔. 发展经济学的贫困 [M]. 上海：上海三联书店，1992.

[45] 舒尔茨. 改造传统农业 [M]. 北京：商务印书馆，1998.

[46] 杨永华. 发展经济学 [M]. 北京：人民出版社，2007.

[47] 道格拉斯·诺斯. 经济史中的结构与变迁 [M]. 上海：上海三联书店，1994.

[48] 迈克尔·托达罗. 经济发展与第三世界 [M]. 北京：中国经济出版社，1992.

[49] 阿兰·佩雷菲特. 论经济"奇迹" [M]. 北京：中国发展出版社，2001.

[50] 杨永华. 发展经济学流派研究 [M]. 北京：人民出版社，2007.

[51] 阿马蒂亚·森. 贫困与饥荒 [M]. 北京：商务印书馆，2001.

[52] 保罗·巴兰. 增长的政治经济学 [M]. 北京：商务印书馆，2000.

[53] 李文良等. 中国政府职能转变问题报告 [M]. 北京：中国发展出版社，2003.

[54] 国家统计局. 我国的国民经济建设和人民生活 [M]. 北京：统计出版社，1958.

[55] 门睿. 劳心者定律 [M]. 北京：经济日报出版社，2005.

[56] 周平. 当代中国地方政府 [M]. 北京：人民出版社，2007.

[57] 刘靖华等. 政府创新 [M]. 北京：中国社会科学出版社，2002.

[58] 徐衣显. 转型期中国政府经济职能研究 [M]. 北京：中国财政经济出版社，2007.

[59] 冉清文. 地方政府概论 [M]. 沈阳：东北大学出版社，2008.

[60] 王清宪. 论中国政府在经济市场化进程中的作用 [M]. 北京：中国统计出版社，2004.

[61] 管跃庆. 地方利益论 [M]. 上海：复旦大学出版社，2006.

[62] 高尚全. 政府转型 [M]. 北京：经济科学出版社，2008.

[63] 胡鞍钢，王绍光. 政府与市场 [M]. 北京：中国计划出版社，2000.

[64] 林毅夫. 论经济发展战略 [M]. 北京：北京大学出版社，2005.

[65] 顾海良. 马克思经济思想的当代视界 [M]. 北京：经济科学出版社，2005.

[66] 陈东琪. 新政府干预论 [M]. 北京：首都经济贸易大学出版社，2000.

[67] 谢自强. 政府干预理论与政府经济职能 [M]. 长沙：湖南大学出版社，2004.

[68] 丰海英. 政府经济行为研究 [M]. 北京：中国经济出版社，2008.

[69] 后小仙. 多维视角下的政府经济行为研究 [M]. 合肥：中国科学技术大学出版社，2007.

[70] 陈国权. 社会转型与有限政府 [M]. 北京：人民出版社，2008.

[71] 周振华. 政府选择 [M]. 上海：上海人民出版社，2005.

[72] 毛寿龙. 中国政府功能的经济分析 [M]. 北京：中国广播电视出版社，1994.

[73] 魏杰. 政府经济职能及中央—地方关系的经济关系（集权与分权）[M]. 北京：经济科学出版社，1997.

[74] 宋贤卓. 中国经济发展软环境理论研究 [M]. 北京：中国社会科学出版社，2006.

[75] 李培育. 论中央与地方关系及相关的财政关系 [J]. 管理世界, 1994 (4).

[76] 周黎安. 晋升博弈中政府官员的激励与合作 [J]. 经济研究, 2004 (6).

[77] 刘国光. 谈谈政府职能与财政功能的转变 [J]. 新华文摘, 2004 (3).

[78] 高尚全. 深化政府改革是贯彻科学发展观的关键 [J]. 新华文摘, 2005 (5).

[79] 李宏昌, 于永坤. 试论政府在经济规制中的失位与越位问题 [J]. 经济问题, 2007 (12).

[80] 洪银兴. 论地方政府的职能转型 [J]. 经济学动态, 2005 (11).

[81] 程世勇, 李伟群. 地方政府引资偏好与产业结构优化 [J]. 经济问题, 2007 (11).

[82] 何显明. 市场化进程中的地方政府角色行为模式及其变迁 [J]. 浙江社会科学, 2007 (4).

[83] 宁国良, 周东升, 陆小成. 基于公共治理范式的地方政府政策执行力研究 [J]. 湘潭大学学报（哲学社会科学版）, 2007 (4).

[84] 魏红英. 纵向权力结构合理化：中央与地方关系和谐发展的基本进路 [J]. 中国行政管理, 2008 (6).

[85] 郑永兰, 张劲松. 和谐社会视角下地方政府行为转型机制研究 [J]. 江海学刊, 2008 (4).

[86] 杨龙. 地方政府合作的动力、过程与机制 [J]. 中国行政管理, 2008 (7).

[87] 夏芳, 王胜会, 黄钦. 政府执行力的理论视角分析 [J]. 重庆行政, 2008 (3).

[88] 李德水. 关于 GDP 的几点思考 [J]. 经济研究, 2004 (4).

[89] 李斌. 经济发展、结构变化与"货币消失" [J]. 经济研究, 2004 (6).

[90] 欧阳日辉, 吴春红. 基于利益关系的中央政府与地方政府关系 [J]. 新华文摘, 2009 (1).

[91] 倪星, 余凯. 试论中国政府绩效评估制度的价值标准 [J]. 新华文摘, 2005 (2).

[92] 徐绍刚. 探索有中国特色的政府绩效评价的主体与设计原则[J]. 新华文摘, 2005（2）.

[93] 李善同, 侯永志, 刘云中, 陈波. 中国国内地方保护问题的调查与分析[J]. 经济研究, 2004（11）.

[94] 金太军, 汪波. 经济转型与我国中央—地方关系制度变迁[J]. 管理世界, 2003（6）.

[95] 刘双良, 史瑞杰. 论城市公共物品供给的效率与公平[J]. 四川行政学院学报, 2006（6）.

[96] 韩兆柱, 司林波. 论转型期地方政府职能转变与重新定位[J]. 学习论坛, 2007（3）.

[97] 倪星. 地方政府绩效评估指标的设计与筛选[J]. 武汉大学学报（哲学社会科学版）, 2007（2）.

[98] 杨龙. 中国经济区域化发展的行政协调[J]. 中国人民大学学报, 2007（2）.

[99] 彭国甫, 盛明科. 深化中国政府绩效评估研究需要新的视野[J]. 湖南师范大学社会科学学报, 2007（1）.

[100] 王爱冬. 政府绩效评估主体多元化及其在中国的构建[J]. 理论探讨, 2006（6）.

[101] 韩立达. 我国地方政府行政审批制度变迁的经济学分析[J]. 湖北大学学报（哲学社会科学版）, 2003（6）.

[102] 王学杰. 政府规制改革是抑制腐败的治本之策[J]. 四川行政学院学报, 2003（5）.

[103] 倪星, 李必军. 耕地资源流失中的地方政府行为研究[J]. 湖北行政学院学报, 2006（6）.

[104] 陈天祥. 对中国地方政府制度创新作用的一种阐释[J]. 中山大学学报（社会科学版）, 2004（4）.

[105] 于健慧. 中央与地方政府关系的现实模式及其发展路径[J]. 中国行政管理, 2015（12）.

[106] 丁子信. 关于政府和市场关系的科学命题[J]. 潍坊学院学报, 2017（1）.

[107] 郑志龙. 行政环境变革中地方政府职能转变与职责重构 [J]. 行政科学论坛, 2014 (1).

[108] 马克思主义理论研究和建设工程调研组. 西部地区科学发展的成功探索 [J]. 实践 (思想理论版), 2008 (8).

[109] 田培良. 鄂尔多斯的第二步跨越 [J]. 实践, 2004 (4).

[110] Harvey Armstrong and Jim Taylor. Regional Economies and Policy (Second Edition) [M]. Harvester Wheatsheaf, 1993.

[111] Niles Hansen, B. Higgins and D. J. Savoie: Regional Policy in a Changing World [M]. Plenum Press, 1990.

[112] William H. Miernyk. Regional Development Policy in the United States, in Regional Analysis and Regional Policy [M]. Oelgeschlager Gum & Hain Publishers, 1982.

[113] Greenwald Bruce and Joseph E. Stiglitz. Externalities in Economies with Imperfect Information and Incomplete Markets [J]. Quarterly Journal of Economics, 1986 (90).

[114] Krueger Anne O. Government Failure in Development [J]. Journal of Economic Perspectives, 1990, 4 (3).

后 记

本书为笔者完成的博士学位论文《中国地方政府主导下的经济发展研究》的后续研究、主持国家社会科学西部项目（15XMZ093）"少数民族地区特色文化产业发展的政府责任研究"的相关研究成果。

2009年完成博士学位论文后，笔者对于论文中存在的不足之处一直进行着后续研究，在后续研究中，针对论文中的不足，吸收了前辈们提出的宝贵建议。本书还对理论界的学术成果和当前社会实践进程做了进一步分析探索，经整理汇总形成目前的研究成果。

何金玲

2017年8月